W0063678

Licht in dunklen Zeiten

Christiane Neuen (Hg.)

Licht in dunklen Zeiten

Inspirationen

Patmos Verlag

Wichtiger Hinweis:
Die in diesem Buch enthaltenen Informationen, Hinweise und Übungen wurden nach bestem Wissen der Autorinnen und Autoren erstellt und sorgfältig geprüft. Sie ersetzen jedoch nicht den persönlich eingeholten (psycho-)therapeutischen oder medizinischen Rat. Verlag und Autorinnen und Autoren können für Irrtümer oder etwaige Schäden, die aus der Anwendung der dargestellten Informationen, Hinweise oder Übungen resultieren, keine Haftung übernehmen. Deren Nutzung bzw. Durchführung erfolgt auf eigene Verantwortung der Leserinnen und Leser.

Die Verlagsgruppe Patmos ist sich ihrer Verantwortung gegenüber unserer Umwelt bewusst. Wir folgen dem Prinzip der Nachhaltigkeit und streben den Einklang von wirtschaftlicher Entwicklung, sozialer Sicherheit und Erhaltung unserer natürlichen Lebensgrundlagen an. Näheres zur Nachhaltigkeitsstrategie der Verlagsgruppe Patmos auf unserer Website www.verlagsgruppe-patmos.de/nachhaltig-gut-leben

Bibliografische Information der Deutschen Nationalbibliothek
Die Deutsche Nationalbibliothek verzeichnet diese Publikation in der Deutschen Nationalbibliografie; detaillierte bibliografische Daten sind im Internet über http://dnb.d-nb.de abrufbar.

Alle Rechte vorbehalten
© 2023 Patmos Verlag
Verlagsgruppe Patmos in der Schwabenverlag AG, Ostfildern
www.verlagsgruppe-patmos.de

Umschlaggestaltung: Finken & Bumiller, Stuttgart
Gestaltung, Satz und Repro: Schwabenverlag AG, Ostfildern
Druck: GGP Media GmbH, Pößneck
Hergestellt in Deutschland
ISBN 978-3-8436-1486-3

Inhalt

Vorwort

Licht und Dunkelheit gehören zum Rhythmus des Lebens: Die Sonne geht auf und unter, es wird Tag und Nacht. Im Sommer sind die Tage lang und die Nächte kurz, im Winter ist es umgekehrt. Im hohen Norden, wo im Sommer die Sonne nicht untergeht, gibt es im Winter die langen Polarnächte, in denen es dunkel bleibt.

Seit Urzeiten versuchen die Menschen, die Polarität von Licht und Dunkelheit zu verstehen. In allen Kulturen entstanden Mythologien, in denen Götter und Göttinnen das Licht erschufen bzw. selbst mit Licht, Sonne und Mond oder mit Finsternis gleichgesetzt wurden. Im Alten Ägypten z.B. verehrten die Menschen den Sonnengott Re. In der Hebräischen Bibel erschuf Gott das Licht: „Es werde Licht! Und es ward Licht" (1 Mose / Gen 1,3). In den hinduistischen Veden verkörpert der Gott Surya die Sonne und lenkt wie die nordische Göttin Sól und der griechische Gott Helios den von Pferden gezogenen Sonnenwagen. Im Koran heißt es: „Gott ist das Licht der Himmel und der Erde. [...] Licht über Licht" (24:35)[1], und auch Christus sagt von sich: „Ich bin das Licht der Welt" (Joh 8,12).

Das Dunkle, die Finsternis, wird in den meisten Religionen mit der Unterwelt, dem Dämonischen, dem Bösen, den lebensfeindlichen Kräften, dem Teufel identifiziert. Im Alten Ägypten wurde der Totengott Anubis oft in Gestalt eines liegenden schwarzen Hundes dargestellt. In den hinduistischen Veden ist Yama,

Sohn des Sonnengottes Surya, der Gott des Todes und Herrscher über die Unterwelt. In der griechischen und römischen Mythologie gibt es zahlreiche Götter der Dunkelheit, der Nacht, des Todes und der Unterwelt. Im Christentum ist der Teufel die Verkörperung des absolut Bösen und herrscht über die Hölle.

In vielen Mythen kämpft Licht gegen Finsternis, Gut gegen Böse: Die sumerische Göttin Inanna z. B., Königin des Himmels, musste zu ihrer Schattenschwester Ereschkigal, der Herrscherin über die Unterwelt, hinabsteigen, dort sterben und wieder zum Leben erweckt werden. Auch in den modernen Mythen in Literatur und Film ist der Kampf zwischen Licht und Dunkel, Gut und Böse, immer wieder dargestellt worden, z. B. in den James-Bond-Filmen, den Harry-Potter-Büchern oder in der Batman-Trilogie.

Der Wechsel von Licht und Dunkelheit wird seit Jahrtausenden von den Menschen mit Ritualen symbolisch nachvollzogen. Auch heute noch werden Sommersonnenwende, Wintersonnenwende und Tag-und-Nacht-Gleiche besonders gefeiert. In Schweden z. B. ist Midsommar eines der wichtigsten Feste, die Yalda-Nacht wird im Iran in der Nacht der Wintersonnenwende vom 21. auf den 22. Dezember gefeiert, und auch das christliche Weihnachtsfest wurde einst auf die Wintersonnenwende gelegt, die zur Zeit des Julianischen Kalenders noch auf den 25. Dezember fiel, den Geburtstag des römischen Sol invictus, des unbesiegten Sonnengottes.

Licht und Dunkelheit gehören zusammen, bedingen einander. „Das Licht bedarf der Dunkelheit, wie anders könnte es denn Licht sein?"[2], meint der bedeutende Tiefenpsychologe C. G. Jung. Eines der zentralen Konzepte der von ihm begründeten Analytischen Psychologie ist der Schatten. Mit diesem Begriff bezeichnet Jung die problematischen und unentwickelten Seiten der Persönlichkeit, die meist unbewusst sind. Der Schatten umfasst all das, was jemand an sich selbst ablehnt, was er nicht sein will, aber gleichwohl ist[3] – letztlich auch das archaisch Böse. Der Schatten verweist jedoch nicht nur auf die dunklen Seiten eines Menschen, sondern auch auf das, was in seinem Leben nicht gelebt wird. Es geht dann um die verschatteten Seiten der Persönlichkeit, um Fähigkeiten, Wünsche, Träume, die im Schatten gehalten wurden, bisher keine Entfaltungsmöglichkeit hatten. Die Auseinandersetzung mit dem Schatten kann dann auch bedeuten, verborgene Potentiale ans Licht zu bringen.

Licht und Dunkelheit entfalten ihre Wirkung auch auf der seelischen Ebene: Menschen haben Angst in der Dunkelheit und fühlen sich bedroht. Das Dunkel ist unheimlich und gefährlich. Es gibt aber auch die Geborgenheit im Dunkeln, ein notwendiges Sich-Zurückziehen an einen dunklen Ort der Ruhe. Auch die Raupe verpuppt sich in einer dunklen Hülle, um schließlich verwandelt als Schmetterling ans Licht zu fliegen. Licht steht vor allem auch für Bewusstsein, Klarheit, Erkenntnis – Dunkelheit für das Unbewusste. Die dunklen Tiefen der Seele können ein Ort der Transformation sein, aus dem heraus Bewusstwerdung und Erkenntnis, seelische Wandlungs- und Entwicklungsprozesse angestoßen werden.

Häufig aber sind Nacht und Dunkelheit eng mit Angst und Hoffnungslosigkeit, Tod und Vernichtung verbunden: In schwerer Depression geschieht Seelenverdunkelung. Angst und Verzweiflung können einen Menschen in finsterste Seelenabgründe bringen. Auch im Bereich der Spiritualität gibt es quälende Zustände der Gottesferne und des Verlusts aller Gewissheiten, die der spanische Mystiker Johannes vom Kreuz als „dunkle Nacht der Seele" bezeichnet hat.

Immer wieder geschieht im gesellschaftspolitischen und zwischenmenschlichen Bereich absolut Böses und Dunkles: Krieg, Folter, Mord, Gewalt, Missbrauch. Und auf der globalen Ebene gefährden heute Klimakrise und Artensterben das Leben auf diesem Planeten in einem nie zuvor gekannten Maße.

Was kann Licht in dunklen Zeiten bedeuten? Wie zeigt sich, wenn das innere Licht aufscheint? Die Texte dieses Buches wollen diesen Fragen in ganz unterschiedlichen Kontexten nachgehen: Aus tiefenpsychologischer Sicht ist es zentral, sich mit Licht und Schatten in der eigenen Seele auseinanderzusetzen (C. G. JUNG). Licht in dunklen Zeiten zu erfahren, kann heißen, Hoffnung zu schöpfen und Hilfen gegen die Angst zu finden (VERENA KAST, CHRISTIAN FIRUS). Um Licht in die Welt zu bringen, gilt es, Verantwortung zu übernehmen und sich für Freiheit und Menschenwürde einzusetzen (GERD MÜLLER, GILDA SAHEBI). Es bedeutet auch, leidenden Mitlebewesen zu helfen (JANE GOODALL, BRIGITTE ROMANKIEWICZ) und sich mit Weisheit und Mitgefühl für die Bewahrung der Erde selbst einzusetzen (ANDREW HARVEY).

Licht ins Dunkel zu bringen, kann bedeuten, Sinn im Leben zu finden (ROBERT FULGHUM), und auch in Zeiten von Krankheit, Verzweiflung und Todesnähe ist es möglich, innere Erfahrungen von Licht und Ganzheit zu machen (CHRISTIANE SINGER, INGRID RIEDEL, ETTY HILLESUM). Das innere Licht kann als Licht der Liebe, des Mitgefühls und des Friedens hell aufleuchten (BRIGITTE DORST, DAVID STEINDL-RAST, THICH NHAT HANH), und es gibt die mystische Erfahrung, dass das innere Licht eins mit dem Licht des Göttlichen ist (ANGELUS SILESIUS).

Ich wünsche den Leser:innen dieses Buches, dass die hier versammelten Texte sie ermutigen können, sich durch dunkle Zeiten hindurchzutasten und sich immer wieder auf die Suche nach dem Licht zu machen.

Münster, im Juli 2023
Christiane Neuen

C. G. Jung

Schatten und Licht

Tag und Licht sind Synonyme des Bewusstseins, Nacht und Dunkel die des Unbewussten. Die Bewusstwerdung ist wohl das stärkste urzeitliche Erlebnis, denn damit ist die Welt geworden, von deren Existenz vorher niemand etwas wusste. „Und Gott sprach: Es werde Licht!" ist die Projektion jenes vorzeitlichen Erlebnisses der vom Unbewussten sich trennenden Bewusstheit.[4]

Es gibt kein Licht ohne Schatten und keine seelische Ganzheit ohne Unvollkommenheit. Das Leben bedarf zu seiner Vollendung nicht der *Vollkommenheit*, sondern der *Vollständigkeit*.[5]

Einsicht in den Schatten führt zu jener Bescheidenheit, die zur Anerkennung der Unvollkommenheit notwendig ist. Es bedarf aber gerade dieser bewussten Anerkennung und Berücksichtigung, wo immer menschliche Beziehung hergestellt werden soll.[6]

Unglücklicherweise gibt es keinen Zweifel an der Tatsache, dass der Mensch im Ganzen genommen weniger gut ist, als er sich einbildet oder zu sein wünscht. Jedermann ist gefolgt von einem Schatten, und je weniger dieser im bewussten Leben des Individuums verkörpert ist, um so schwärzer und dichter ist er. [...]

Eine bloße Unterdrückung des Schattens ist ebenso wenig ein Heilmittel wie Enthauptung gegen Kopfschmerzen.[7]

Selbsterkenntnis ist ein Abenteuer, das in unerwartete Weiten und Tiefen führt. Allein schon eine einigermaßen umfassende Kenntnis des Schattens kann genügen, um eine erhebliche Verwirrung und Verdunkelung auszulösen, denn sie erzeugt eine Persönlichkeitsproblematik, an die man zuvor meist nicht im Entferntesten gedacht hat.[8]

Das Böse ist eine furchtbare Wirklichkeit! Und das ist es in jedem einzelnen Leben.[9]

Wir sind immer noch beinahe sicher, dass wir wissen, was andere Leute denken, oder was ihr wahrer Charakter ist. Wir sind überzeugt, dass gewisse Leute alle jene schlechten Eigenschaften haben, die wir in uns selbst nicht finden, oder dass sie alle jene Laster leben, die natürlich niemals unsere eigenen sein könnten. Wir müssen immer noch äußerst vorsichtig sein, um nicht unseren eigenen Schatten allzu schamlos zu projizieren, und sind immer noch überschwemmt von projizierten Illusionen. Wenn man sich jemanden vorstellt, der tapfer genug ist, diese Projektionen allesamt zurückzuziehen, dann ergibt sich ein Individuum, das sich eines beträchtlichen Schattens bewusst ist. Ein solcher Mensch hat sich neue Probleme und Konflikte aufgeladen. Er ist sich selbst eine ernste Aufgabe geworden, da er jetzt nicht mehr sagen kann, dass die *anderen* dies oder jenes tun, dass *sie* im Fehler sind, und dass man gegen *sie* kämpfen muss. Er lebt in dem „Hause der Selbstbesinnung", der inneren Sammlung. Solch ein Mensch weiß, dass, was immer in der Welt verkehrt ist, auch in ihm selber ist, und wenn er nur lernt, mit seinem eigenen Schatten fertigzuwerden, dann hat er etwas Wirkliches für die Welt getan.[10]

Das Selbst ist nicht nur das Licht, sondern auch die Finsternis, das Gute sowohl als auch das Böse, die Freiheit sowohl wie die Gebundenheit. Seine wahre Göttlichkeit liegt in der unio oppositorum [Vereinigung der Gegensätze], die eine unvorstellbare Paradoxie ist und als solche ein Symbol für eine Bewusstseins-transzendente Existenz, die wir nur postulieren können.[11]

Einen Menschen seinem Schatten gegenüberstellen, heißt, ihm auch sein Lichtes zeigen. Wenn man das einige Male erfahren hat, wenn man urteilend *zwischen* den Gegensätzen steht, dann spürt man unvermeidlicherweise, was mit dem eigenen Selbst gemeint ist. Wer zugleich seinen Schatten und sein Licht wahrnimmt, sieht sich von zwei Seiten, und damit *kommt er in die Mitte.*[12]

Wir kommen zu einer psychologischen Entwicklung nur dadurch, dass wir uns selbst annehmen, wie wir sind, und das Leben, das uns anvertraut ist, ernsthaft zu leben versuchen.[13]

Die Zukunft der Menschheit wird in hohem Maße von der Schattenerkenntnis abhängen.[14]

VERENA KAST

Hoffnung schöpfen

In der Hoffnung drückt sich das Vertrauen zum Dasein auch in der Zukunft aus. Doch wir müssen eine wesentliche Unterscheidung machen. Hoffnung ist zum einen eine Grundemotion, eine Hintergrundsemotion des Lebendigen. Solange wir leben, sind wir auch von Hoffnung getragen. Wir erleben aber auch eine alltäglichere Hoffnung, die uns zugänglicher ist, uns mehr beschäftigt und die uns auch abhandenkommen kann. Diese kann auch einmal der Hoffnungslosigkeit, der Resignation weichen. Dann schauen wir nicht mehr zuversichtlich in die Zukunft, sondern besorgt – und dennoch leben wir weiter und hoffen untergründig, dass es so schlimm doch nicht sein möge und dass Hoffnung eines Tages wieder möglich wird.

Auch gibt es Menschen, von denen man den Eindruck hat, sie seien mehr von Hoffnung getragen als andere, sie blicken vertrauensvoller in die Zukunft. Und andere, die die Hoffnung verloren zu haben scheinen, schöpfen plötzlich wieder Hoffnung – so wie man Wasser schöpfen kann.

Eine Frau, deren 6-jähriges Kind seit zwei Tagen verschwunden war, war natürlich verzweifelt. Sie beteiligte sich an der Suche, kam auf immer wieder neue Ideen, wo das Kind sein könnte, und brachte dadurch eine große Unruhe in die Familie und in den Suchprozess. Erschöpft sank sie schließlich in einen Stuhl, schlief ein paar Minuten, wachte auf und sagte ihrem Partner: „Jetzt schöpfe ich plötzlich wieder Hoffnung." Im Nachhinein beschrieb sie diesen Augenblick als etwas ganz Entscheidendes. „Ich wusste, was auch geschieht, es wird wieder gut." Und das Kind wurde tatsächlich gefunden. Entscheidend – und auch völlig überraschend war für die Frau der Umschlagspunkt von der Verzweiflung in die Hoffnung, als sie wieder „Hoffnung schöpfte", ohne dass schon ein äußerer Anlass dazu vorhanden gewesen wäre.

Ein wichtiger Umschlagspunkt im Erleben wird markiert, wenn wir wieder Hoffnung schöpfen: Zunächst ist die Zuversicht verschwunden, man ist bang, das Leben engt sich ein, Angst ergreift einen, man ist verzweifelt, vielleicht will man auch schon aufgeben, reagiert resigniert, und dann zeigt sich unvermittelt eine Öffnung, die mit der Ahnung verbunden ist, es könnte doch gut gehen. „Ein heller Streif zeigt sich am Horizont", sagen die einen, um diese Veränderung zu beschreiben, „es beginnt zu tagen" die anderen. Die Krise, das Dunkel ist vorüber, ein Zeichen dafür, dass ein Tiefpunkt der existentiellen Erfahrung vorbei ist.

Doch woher kommt die Hoffnung? Dass wir wiederum Hoffnung „schöpfen", lässt darauf schließen, dass es irgendwo eine Quelle gibt, eine Fülle, an der wir Anteil haben können und die sich eher einstellt, als wir uns ihrer aktiv bedienen könnten. Auf dem Tiefpunkt der Krise – so weiß man –, wenn die Angst so sehr überhandzunehmen droht, und alle Zuversicht geschwunden ist, bricht plötzlich Hoffnung auf, wird Hoffnung erfahrbar.

Hoffnung als erlebte Hoffnung ist ein Gefühl, das eng mit der Krise verbunden ist. Dieses Geschehen ist vergleichbar mit einem schöpferischen Prozess, in dem plötzlich eine Idee das qualvolle Suchen beendet, ein Einfall uns sofort mit neuer Hoffnung und neuer Energie erfüllt, wird nach der Qual der Krise Hoffnung und damit neue Energie, neue Zuversicht erlebbar.

Hoffnung tröstet und beflügelt

Wir hoffen immer wieder auf das Bessere und beziehen uns damit auf eine Dimension in der Zukunft, die sich noch nicht abzeichnet. Wir hoffen immer wieder darauf, dass sich vieles bessert: das Wetter, die politische Weltlage, die Gesundheit eines kranken Menschen, die kriselnde Beziehung, wir hoffen auf glückliche Umstände, vielleicht auf etwas ganz und gar Unerhörtes, Wunderbares. Und wenn wir hoffen, eine Aufgabe zu lösen, dann gehen wir an sie heran, als ob sie auch zu lösen wäre. Wir nehmen das gute Ende im Beginn bereits vorweg.

Die Hoffnung ist auf die Zukunft ausgerichtet, auf das Gelingen, auf das Bessere und auf Glückhaftes hin. Haben wir „alle Hoffnung aufgegeben", dann glauben wir nicht mehr an dieses Gelingen. Und doch können wir nicht alle Hoffnung aufgeben: Wir geben sie jeweils nur in einem bestimmten Bereich auf. Dann hoffen wir nicht mehr darauf, dass sich eine bestimmte Beziehung verbessert, und ziehen daraus die Konsequenzen. Und auch hier wird Zukunftsgerichtetes deutlich. Denn wir wollen damit frei werden für eine andere Beziehung, die etwas Besseres verspricht. Wir nehmen das, was jetzt ist, als Realität, die sich nicht mehr verändern wird, wenn wir sie nicht aktiv verändern. Hoffnung kann uns helfen, Beziehungen, alles, was ist im Leben, als vorläufig zu sehen. Vorläufig in dem Sinne, dass im Leben eine Entwicklungstendenz auf das Bessere hin vorhanden ist. So stehen wir hoffend im Leben, geben wir uns, den Mitmenschen, der Welt immer noch und immer wieder eine Chance.

Und so reagiert auch ein Kranker, wenn er unterstützt wird, sei es durch Ruhe, durch ein Medikament, eine Operation. Er wird dadurch von störenden Einflüssen befreit – und kann sich dann wieder selber regulieren. Es geht dem Menschen wieder besser. Besser heißt hier, er kann leben und muss nicht sterben.

Sogar schwerkranke Menschen sagen noch von ihrer Situation: Irgendwann muss es doch besser werden. Oder: Es ist besser geworden, nicht meine Krankheit, die hat sich vielleicht sogar verschlimmert, aber ich kann besser damit umgehen. Oder angesichts des Todes: Es wird dennoch besser werden, es muss doch besser werden. Der Tod ist besser als das, was jetzt ist.

Hoffnung
Es reden und träumen die Menschen viel
Von besseren künftigen Tagen,
Nach einem glücklichen goldenen Ziel
Sieht man sie rennen und jagen,
Die Welt wird alt und wird wieder jung,
Doch der Mensch hofft immer Verbesserung.

Die Hoffnung führt ihn ins Leben ein,
Sie umflattert den fröhlichen Knaben,
Den Jüngling locket ihr Zauberschein,
Sie wird mit dem Greis nicht begraben,
Denn beschließt er am Grabe den müden Lauf,
Noch am Grabe pflanzt er – die Hoffnung auf.

Es ist kein leerer schmeichelnder Wahn,
Erzeugt im Gehirne der Toren,
Im Herzen kündet es laut sich an:
Zu was Besserem sind wir geboren!
Und was die innere Stimme spricht,
Das täuscht die hoffende Seele nicht.

FRIEDRICH SCHILLER

Woher kommt eigentlich diese Hoffnung auf das Bessere hin? Dieses Verhalten oder Sich-Beziehen auf das Bessere scheint eine archetypische Konstante zu sein, einfach zum menschlichen Leben zu gehören, wie das auch Schiller in seinem Gedicht ausdrückt. Wie man sich dazu stellt, scheint gar nicht so wichtig zu sein. Es ist einfach so. Von der Geburt bis zum Tod hoffen wir auf das Bessere. Dieses Hoffen ist ein wichtiger Aspekt unseres Menschseins. Wir wissen um unsere Zerbrechlichkeit, wir wissen um Tod und Scheitern – und dennoch: Die immer wieder mögliche Hoffnung auf das Bessere ist unsere existentielle Basis. Wir erwarten für unser Leben ein Zusammenwirken von günstigen Umständen. Diese mögen wir gelegentlich auch in die Sterne projizieren. Wir erwarten ein Zusammenwirken von Kräften, die sich letztlich gut für uns und unser

Leben oder auch für die Welt als Ganze auswirken. Und wir sind auch bereit, unseren Teil dazu zu tun. Wir vertrauen darauf, dass letztlich aus dem Leben doch etwas Rechtes wird und können danach handeln. Wir vertrauen aber auch darauf, dass es das Schicksal trotz aller Schicksalsschläge doch gut mit uns meint.

In einer posttraditionalen Gesellschaft wie der unseren bezieht sich Hoffnung nicht wie in früheren Zeiten einfach auf „Gott" oder etwa auf einen Lohn in einem Jenseits. Dennoch bezieht sie sich auf ein Schicksal, das es erlaubt, das, was im Leben angelegt ist, auch gut zu leben, zu verwirklichen, was uns wichtig ist und damit ein sinnvolles Leben zu führen. Die Hoffnung bezieht sich auf alle Aspekte der Persönlichkeit: darauf, dass sie sich immer wieder neu entwickeln und entfalten kann in Beziehung zu anderen Menschen und zur Natur. Sie bezieht sich darauf, in die Zukunft hinein gestalten zu können. In ihr drückt sich der Drang nach Entwicklung und handelnder Entfaltung aus. Die Hoffnung beflügelt uns, bewirkt, dass wir handeln, gestalten und Ideen verwirklichen wollen.

Wenn wir hoffen, so denken, fühlen und handeln wir, als ob das, was jeweils ansteht, zu bewältigen ist und zu einem guten Ende führen wird. Auf diesem emotionalen Untergrund leben und handeln wir. Die Hoffnung lässt uns nämlich tätig werden.

Hoffnung wurde und wird verstanden als die Emotion, die uns einem Licht zuwenden lässt, das noch nicht sichtbar ist.[15] Hoffnung als positiver Erwartungsaffekt, aus dem Vertrauen auf eine Wendung in der Zukunft, die uns noch nicht sichtbar ist, die uns aber als glückhaft erscheint,[16] Hoffnung, die uns erlaubt, das Un-Mögliche zu denken und zu erwarten anstelle des Gewohnten, die uns dazu bringt, entschieden Nein zu sagen zu einem aktuellen Zustand, weil wir einen besseren Zustand phantasieren können.[17]

Die Hoffnung gehört damit zu den sogenannten „gehobenen" Gefühlen: es geht um das emotionale Feld von Freude, Inspiration, Hoffnung.[18]

Wenn wir uns auf die Zukunft beziehen, gibt es also nicht nur die Angst, sondern auch die Hoffnung. Unser Leben ist von der Hoffnung sozusagen unterlegt. Es ist sehr schwierig zu sagen, was Hoffnung wirklich ist: Erst wenn sie uns so ganz und gar abhandenzukommen droht, dann spüren wir, dass doch immer noch etwas trägt, wir immer noch eine vorstellungslose Hoffnung auf eine Verbesserung haben, Vertrauen, dass sich etwas verändern wird zum Besseren hin wider besseres Wissen. Dabei ist es bei vielen Menschen nicht mehr wie früher die Jenseitshoffnung, die trägt, sondern eine fast unmerkliche existentielle Grundgestimmtheit.

Hoffen kann auch heißen, sich vertrauensvoll dem zu überlassen, was die Zukunft bringen mag. Hier wird ein tragendes Vertrauen ins Sein deutlich: Irgendwie wird die Zukunft auf eine gute Weise zu bewältigen sein. Die Hoffnung ist das Fundament für das Vertrauen: trotz aller Abhängigkeit, die wir nicht kontrollieren können, sind wir zuversichtlich. Hoffnung wird deshalb auch als Begleitemotion des Lebenstriebes gesehen, des Bedürfnisses, sich das Leben zu erhalten und sich immer zu entwickeln – bis man stirbt. Damasio, der Neurowissenschaftler, schreibt: „Wäre es denkbar, dass unser sehr menschlicher, bewusster Wunsch zu leben und unser Wille, die Oberhand zu behalten, als Summe des unbewussten Willens aller Zellen in unserem Körper ihren Anfang nahmen, als kollektive Stimme, die sich zu einem Lied der Bestärkung, der Bestätigung erhob?"[19] Diese Sichtweise könnte erklären, weshalb Menschen insgeheim immer auch hoffen.

Von philosophischer Seite wurde immer wieder betont,[20] dass der Mensch gar nicht ohne Hoffnung sein könne, dass Hoffnung wirklich die oft nicht wahrgenommene Begleitemotion des Lebendigseins sei. Und man hat sogar darauf hingewiesen, dass auch Suizidanten, die ja in der Regel verzweifelt sind, dennoch auf eine Besserung ihres Zustandes hoffen.[21] Hoffnung ist so ein Stimulans im Leben, ein Stimulans, „mehr als jedes Glück", wie Nietzsche sagte.

Optimismus und Pessimismus

Hoffnung ist mehr als Optimismus. Und sie ist eine gute Grundlage für den Optimismus. Optimisten sehen in den verschiedenen Lebenssituationen jeweils das Beste, das Optimum. Sie haben eine Lebensgrundstimmung, die bereit ist anzunehmen, was kommt. Sie sehen das, was ist, im besten Lichte und gehen einfach davon aus, dass man damit schon irgendwie gut umgehen kann. Ein solcher Optimismus muss nicht blind sein, nicht einem Denken verpflichtet, das sich eh schon in den besten aller Welten wähnt. Optimismus kann durchaus sehend sein: im Bewusstsein der Übel, sehend, was Menschen absichtlich und unabsichtlich einander antun, wissend, wie schwer das Zusammenleben der Völker und mit anderen Menschen ist. Optimisten haben die Grundüberzeugung, das Beste aus diesem einen Leben – ein anderes haben wir ja nicht – machen zu wollen und zu können. Sie sind zuversichtlich, das für sie jeweils Bestmögliche verwirklichen zu können. Die Haltung erwächst nicht aus Naivität, sondern aus einer Stärke heraus, aus einem Vertrauen in sich und in die Mitmenschen, in die Kompetenz der Menschen, auch als Gemeinschaft, immer wieder etwas miteinander lösen zu können und auch lösen zu wollen. Der Optimismus gründet auf Vertrauen ins Dasein und in sich selbst.

Gelegentlich wird allerdings auch eine Haltung „optimistisch" genannt, die alle Schwierigkeiten des Daseins einebnet – mit einem distanten, etwas gleichgültigen Blick auf das Geschehen etwa sagt, dass alle Probleme in irgendeiner Weise schon immer wieder gelöst worden oder einfach in den Hintergrund getreten sind. Diese Wahrnehmung stimmt, sie bewirkt aber, dass wir in der jeweiligen Situation, in der ein Problem uns bewegt, uns bestimmt, emotional nicht anwesend sind, es gibt dann keinen wirklichen Standpunkt, kein Engagement, wir bringen uns in der aktuellen Situation, in der es darum geht, dass wir uns einbringen, mit allem, was uns ausmacht, gerade nicht ein. Das ist jedoch keine optimistische Haltung, sondern distante Gleichgültigkeit, die passiv und nicht stimulierend aktiv wirkt.

Auch der Pessimismus richtet sich auf die Zukunft: In einer pessimistischen Haltung erwarten wir das Schlimmste, setzen uns mit dem Schlimmen, das zu erwarten ist, auseinander. Wir sind dann weniger enttäuschbar, als wir es in einer optimistischen Haltung sind. Man überlegt sich etwa, was das Schlimmste sein könnte, mit dem man zu rechnen hat, sucht für den Umgang damit eine Strategie und kann dann das Leben auf sich zukommen lassen. Jetzt ist allenfalls auch Gelassenheit möglich, die auch Aktivität miteinschließt.

Dann gibt es aber auch die pessimistische Haltung, die das Schlimme sieht, auch den Ausdruck dessen, dass sowieso „alles nicht geht" geradezu sucht und dies als Legitimation nimmt, sich nicht engagieren zu müssen, weder im eigenen Leben noch im Leben der Gemeinschaft. Dann wird der Pessimismus zu einer Form der Resignation. Auch wenn diese pessimistische Haltung wortreich begründet wird, ist nicht eigentlich das Umgehen damit gemeint; es handelt sich eher um eine Form der Destruktivität: Man lässt alles scheitern, zu Grunde gehen, und hofft, dass man Recht bekommt.

Martin Seligman[22] hat herausgefunden, dass Optimisten die Ursache für gute Erfahrungen und für Erfolge sich selber zuschreiben, unangenehme Ereignisse indessen als vorübergehend und als von außen kommend einstufen. Deshalb sagen sie auch in schwierigen Zeiten: „Es wird alles wieder gut." Pessimisten sehen die Gründe für das Scheitern eher bei sich selbst, haben zudem eine Tendenz, schwierige Erfahrungen zu generalisieren, sie sind überzeugt davon, dass sich das Schlimme immer wieder wiederholen wird – immer wieder wird es sich so ereignen. Sie geben den Befürchtungsphantasien einen großen Raum, reden den Krisen das Wort.

Reden wir aber den vielen möglichen Krisen das Wort, den vielen möglichen Ängsten, dann sind wir in den Gedankengängen, den Erlebnisformen der Befürchtung gefangen. Wir haben dann noch weniger Vertrauen in uns selber und in die Zukunft. Der Pessimismus lähmt uns, macht uns zu Opfern. Pessimisten projizieren die Gegenwart vergrößert in die Zukunft – es wird alles nur schlechter, nicht besser. Optimisten dagegen sehen schwierige Situationen als singulär. Jetzt gerade war es nicht gut, aber das muss nicht so bleiben.

Matt Ridley[23], ein „radikaler Optimist", wehrt sich gegen die „Berufspessimisten". Er sieht die zurückliegende Geschichte des Homo sapiens, etwa 45 000 Jahre, als eine Erfolgsgeschichte. Wie haben sich die Menschen in dieser Zeit verändert – im Gegensatz zu den Tieren. Und er schließt daraus, dass es damit zusammenhängen muss, dass Menschen miteinander sprechen, miteinander Ideen verknüpfen können. Er setzt auf den kulturellen Austausch, auf die kollektive Intelligenz: Zehn Menschen, das sind zehn gute Fähigkeiten, die verknüpft werden können. Und: wer sagt denn, dass die Pessimisten mehr Recht haben als die Optimisten? Die Argumente der Optimisten sind genauso gut oder schlecht wie die der Pessimisten. Niemand kennt die Zukunft. Ridley plädiert dafür, es zu wagen, ein Optimist, eine Optimistin zu sein.

Die passiven und aktiven Seiten der Hoffnung

Bertolt Brecht erzählt in seinen „Geschichten von Herrn Keuner" die Szene, dass Herr K. bei seinem Weg durch ein Tal plötzlich bemerkt, dass seine Füße im Wasser stehen, dass der vermeintliche Fluss ein Meeresarm ist und nun die Flut kommt. Herr K. bleibt stehen und hofft auf ein Boot.

„Als aber kein Kahn in Sicht kam, gab er diese Hoffnung auf und hoffte, dass das Wasser nicht mehr steigen möchte. Erst als ihm das Wasser bis ans Kinn ging, gab er auch diese Hoffnung auf und schwamm. Er hatte erkannt, dass er selber ein Kahn war."[24]

In dieser Geschichte von „Herrn Keuner und die Flut" wird deutlich: Wenn wir nur passiv auf etwas warten, hoffen, dass irgendetwas Wunderbares geschieht, „hoffen", dass sich die Probleme von selber lösen, so ist das keine Hoffnung, schon eher Hoffnungslosigkeit oder eine Verfallsform der Hoffnung, wie sie von den französischen Existentialisten (Camus, Sartre) angeprangert wurde: Hoffnung als billige Flucht vor dem Jetzt und Hier in eine illusionäre Zukunft. Man hofft auf etwas, darauf, dass menschliche Situationen von selber sich verändern, sich verbessern, statt dass man sich tatkräftig für eine Veränderung einsetzt. Diese Art von Hoffnung ist aber eigentlich eher Trägheit, gepaart mit illusionärer Erwartung. In ihr wird das handelnde tätige Leben, das Gestalten des eigenen Lebens vernachlässigt, und nur das zählt für die französischen Existentialisten. Was im Leben zählt, so Sartre, ist der absolute Einsatz. Man kann nicht darauf hoffen, dass man irgendwann für irgendetwas belohnt wird, der Einsatz selbst muss dem Leben einen Sinn geben.[25] Besonders deutlich wird das von Camus ausgedrückt in seiner Schrift „Der Mythos des Sisyphos", 1942 herausgekommen, geschrieben angesichts der deutschen Besatzung in Frankreich, in einer Situation, in der aktives Handeln gefordert war, wie etwa in der Resistance. In diesem Zusammenhang steht sein prägnanter Satz: „Das typische Ausweichen, das tödliche Ausweichen ... das ist die Hoffnung."[26] Menschen, die vor allem für eine große Idee oder für ein anderes Leben leben, das über das jetzige Leben hinausreicht, begehen für ihn Verrat am Leben. Man muss dieses Leben leben.[27] Keine Hoffnung auf ein Jenseits, sondern die Gestaltung des Diesseits ist Pflicht des Menschen. Aber geht das wirklich ohne Hoffnung? Und ist Hoffnung wirklich immer schon eine Jenseitshoffnung? Ich bin diesbezüglich anderer Auffassung.[28] Camus kämpft nämlich gegen die Verfallsform der Hoffnung: Wir sollen uns nicht auf irgendeine nebulöse Hoffnung beziehen, sondern wach die Probleme sehen und sie dementsprechend angehen. Er wendet sich auch dagegen, dass jemand anderer uns in unserem Leben vertritt: So lässt er den Sisyphos sagen, sein Stein sei seine Sache, sein Schicksal und sein Kampf gegen die Vergeblichkeit seien seine eigene Sache, in die sich niemand einmischen solle. Er engagiert sich: Und gerade das macht seine Würde aus. Aber könnte man sich dermaßen radikal auflehnen, wenn man wirklich ohne Hoffnung wäre?

Die französischen Existentialisten wandten sich offensichtlich auch nicht wirklich gegen die Hoffnung, sondern sie richteten sich gegen die Erwartung. Denn indem die Menschen alle Erwartungen auf einen Lohn im Jenseits opfern, kommt gerade die Hoffnung in ihrem Leben zum Tragen: Sie machen dennoch weiter, sie leben, sie tun, sie übernehmen Verantwortung. Sie hoffen dennoch auf das Bessere: jetzt und hier.

Immer wieder wird in der Literatur diese doppelte Sicht der Hoffnung thematisiert: Hoffnung als Faulbett oder Hoffnung als ein Gefühl der Grundgeborgenheit im Dasein, das zum Dasein selbst gehört und so etwas wie Lebensmut und Vertrauen ins Leben gibt.

„Das Leben aller Menschen ist von Tagträumen durchzogen, darin ist ein Teil lediglich schale, auch entnervende Flucht, auch Beute für Betrüger, aber ein anderer Teil reizt auf, lässt mit dem schlecht Vorhandenen sich nicht abfinden. Dieser andere Teil hat das Hoffen im Kern, und er ist lehrbar."[29] So Ernst Bloch. Er sieht die Hoffnung in der Phantasie, in der Imagination am Werk. In der Imagination, in unseren gestalteten Vorstellungen holen wir die Zukunft in die Gegenwart, entwerfen uns auf eine noch unbekannte Zukunft hin. Und die Phantasie kann „entnervende Flucht" oder Rohmaterial für eine bessere Lebenssituation sein, Kern für eine neue Wahrheit, eine neue Wirklichkeit, für neue Erwartungen.

Beruhigt und befriedigt uns eine Phantasie, dann handelt es sich höchstwahrscheinlich um Flucht. Wenn sie uns hingegen beunruhigt, regt sie zu Aktivität und – auch inneren – konkreten Veränderungen an. Dann ist sie wirklich zukunftsgerichtet.

Und Bloch ist der Ansicht, dass man aus einem Mangel, aus einer „kundigen Unzufriedenheit" mit dem, was ist, zu diesen Phantasien des Besseren kommt. In den Phantasien, da ist unsere Zukunft, da finden wir, was noch nicht bewusst ist.

„Einmal zog einer aus, das Fürchten zu lernen ... Es kommt darauf an, das Hoffen zu lernen."[30] Das kann man nach Bloch vor allem dann, wenn man ins Gelingen verliebt ist und nicht ins Scheitern.

Für Bloch gibt es eine Form der Hoffnung, die dazu führen könnte, dass sich das Leben wesentlich verbessert. Zu dieser Hoffnung kann man sich entschließen.

Die Stärke dieser Sichtweise, der eine Lebenshaltung entspricht, ist der Entschluss, aktiv an einer besseren Zukunft sich zu engagieren, nicht einfach darauf zu warten, dass andere etwas verbessern, sondern das zu tun, was in den eigenen Kräften liegt.

Es ist eine (Lebens-)Philosophie auch gegen die Wehleidigkeit, gegen das „Verliebtsein ins Scheitern". An unendlich vielen Beispielen zeigt Bloch auf, wie die Menschen immer wieder in ihrer Vorstellung auf das bessere Leben vorgegriffen haben. Die Schwäche dieser Theorie liegt darin, dass sie einen harten Zugriff auf die Hoffnung fordert. Die Idee, dass sich die Hoffnung klammheimlich solchen strategischen Bemühungen entziehen könnte, scheint Bloch nicht zu haben. Die Idee, dass unbewusste Absichten auch unser bewusstes Handeln durchkreuzen, gibt es in diesem Gedankengebäude nicht. Fazit: Man kann sich zur Hoffnung zwar entschließen, aber man kann sie nicht zwingen.

Allerdings: Heute wissen wir, dass wir uns besser fühlen, wenn wir in einer positiven Weise von unserer Situation sprechen, wenn wir positive Ausdrücke dafür brauchen.[31] Natürlich entgehen wir damit den Schwierigkeiten nicht, aber wir sind in einer besseren Stimmung und können so diesen besser begegnen.

CHRISTIAN FIRUS

Verantwortung und Dankbarkeit – was gegen Angst hilft

Man muss sich von seiner Angst nicht alles gefallen lassen, so etwa formulierte es Viktor Frankl, der berühmte Psychiater, Neurologe und Begründer der Existenzanalyse und Logotherapie immer wieder. Das sagte kein abgehobener Forscher im Elfenbeinturm, sondern der Mensch Frankl, der vier KZs überlebt und dort beinahe alles verloren hatte. Das sagte ein Mensch, der sicherlich durch viele Ängste gegangen war und dennoch Ja zum Leben sagte. Hiervon zeugen sein gleichnamiges Buch *Trotzdem Ja zum Leben sagen*[32] und sein in sehr viele Sprachen übersetztes Lebenswerk. Es war Frankl, der aus seiner Erfahrung heraus eine ganz wichtige Haltung dem Leben gegenüber formulierte: Nicht wir sollten Forderungen an das Leben stellen, es sei genau umgekehrt: Das Leben fordere uns in jeder Situation, insbesondere durch Schicksalsschläge und Belastungen, immer wieder aufs Neue dazu heraus, unsere persönliche Antwort darauf zu finden: „Das Leben selbst ist es, das dem Menschen Fragen stellt. Er hat nicht zu fragen, er ist vielmehr der vom Leben her Befragte, der dem Leben zu antworten, das Leben zu verantworten hat."[33]

Genau hierin liege unsere zutiefst menschliche Verantwortung, das mache uns letztlich zu sinnbegabten Wesen. Und so verwundert es nicht, dass Frankl diese

Fähigkeit als „Trotzmacht des Geistes"[34] bezeichnete. Sie beschreibt genau das, was in der gegenwärtigen Situation nottut: trotzdem zu handeln, tätig zu werden, die eigenen Handlungsspielräume zu entdecken und zu nutzen. Die Resilienzforschung hat genau das bestätigt. Widerstandskraft entwickelt sich durch Herausforderungen und Schwierigkeiten, es ist die „Löwenzahnkraft", die gegen jede Erwartung den Asphalt durchbricht. Resilienz ist Trotzkraft!

Verantwortung übernehmen

Wenn wir spüren, dass Angst uns zu Veränderung motiviert, und wenn wir begreifen, dass es nicht so weitergehen kann wie in den letzten hundert bis zweihundert Jahren des industriellen Zeitalters, dann ist unser Verantwortungsbewusstsein angesprochen. Unser Ressourcenverbrauch macht das auf dramatische Weise deutlich: So ist laut Welzer die globale Wirtschaft allein im 20. Jahrhundert um das 14-fache gewachsen, der Energieverbrauch um das 16-fache gestiegen, die Produktion um das 40-fache. „In nur 100 Jahren wurde mehr Energie verbraucht als während der kompletten 200 000 Jahre Menschheitsgeschichte davor."[35]

Verantwortung zu übernehmen bedeutet, auf die Fragen, die das Leben mir stellt, eine Antwort zu finden. Das setzt voraus, die Fragen an mich heranzulassen, die unüberhörbar immer lauter werden. Dafür müssen wir um die Mechanismen der Verdrängung und der kognitiven Dissonanz wissen. Diese führen dazu, dass das, was für uns nicht unmittelbar spürbar ist und was an anderen Orten oder in der Zukunft liegt, aus unserem Bewusstsein herausfällt. Unser Geist sorgt auf diese Weise für Entlastung: Wenn es mich nicht unmittelbar betrifft, kann es nicht so schlimm sein, dann muss ich mich nicht jetzt darum kümmern und mich nicht unnötig damit belasten. In dieser Hinsicht braucht es einen solchen Weckruf wie Greta Thunbergs *Ich will, dass ihr in Panik geratet* und das Bild des brennenden Hauses, das sie beschwört, um uns aufzurütteln und klarzumachen, dass wir sehr wohl betroffen und verantwortlich sind.

Deswegen brauchen wir eine aktive Entscheidung gegen diese natürliche Tendenz unseres Gehirns. Verantwortungsübernahme für die Zukunft unseres Planeten steht dafür. Sie hat auch etwas damit zu tun, meinen persönlichen Anteil zu sehen und meinen individuellen Handlungsspielraum zu entdecken. „Wir haben ja fantastisch viele Rollen", sagt Transformationsforscherin Maja Göpel in einem Interview und zählt einige Optionen auf:[36] als Kollege oder Kollegin in der Firma einen Vorschlag einbringen; als Mutter oder Vater etwas unternehmen, sich informieren, wie man zu Hause CO_2 reduzieren und Biodiversität bewahren kann; sich an die politischen Vertreter oder eine Zeitung wenden, bei einer Bürgerinitiative oder zivilgesellschaftlichen Organisation mitmachen oder selbst eine eigene neue gründen, „ob nun für bessere Information oder Angebote der Alltagsgestaltung, ob ehrenamtlich oder in Unternehmensform"[37].

Mag dieser eigene Handlungsspielraum noch so

klein sein, er zählt dennoch, und vor allem, er ist vorhanden. Dabei geht es nicht darum, alles auf einmal zu machen, „sondern reinspüren, was Schritt für Schritt geht" und wo die eigenen „Fähigkeiten und Tätigkeiten die beste Wirkung entfalten. Da gibt es kein Patentrezept, aber die Einladung ist immer zu sehen: Ich kann andere inspirieren, ihre Aktivitäten zu verändern."[38] Schließlich können wir selbst nie wissen, welche Schritte unser Handeln auslöst. Das ahnte Greta Thunberg nicht, als sie mit einem Pappschild vor dem schwedischen Parlament den Schulbesuch bestreikte, das wusste auch ein Nelson Mandela nicht, als er beschloss, Hass und Vergeltung hinter sich zu lassen, als er das Gefängnis nach 27 Jahren Haft verließ.

Die Übernahme von Verantwortung gelingt leichter, wenn wir persönlichen Werten folgen. Aus der Tradition der philosophischen Phänomenologie beschrieb Frankl in der von ihm begründeten psychotherapeutischen Richtung der Logotherapie und Existenzanalyse drei grundlegende Wege zum Sinn, die uns immer offenstehen. Damit ist das Spielfeld für Sinnerleben abgesteckt, das dann jeweils individuell bespielt werden kann und soll. Bei den *schöpferischen Werten* bringe ich mich ein und beteilige mich am Leben, ich gestalte mit meinen Fähigkeiten und Stärken meinen Lebensalltag und erlebe mich dabei selbstwirksam, wie wir heute sagen würden: Ich werde selbst wirksam. Über die Erlebniswerte trete ich in Resonanz und lasse mich berühren von der Welt und vom anderen. Hierhin gehören das Spüren von liebender Verbundenheit, das Eingebundensein in etwas Größeres und eine Haltung von Ehrfurcht. Wer auf diese Weise das Leben als ein inneres Fest feiert, wird leichter auf ein Sinnerleben stoßen.

Schließlich gibt es noch die *Einstellungswerte*. Dabei gestalte ich das äußerlich Unveränderliche innerlich. Heute sprechen wir in unterschiedlichen psychotherapeutischen Ansätzen von Akzeptanz und radikaler Akzeptanz, was bedeutet, das Hadern und Grübeln über vermeintliche Fehler und möglicherweise bessere Alternativen hinter sich zu lassen und das Gegebene anzunehmen, wie es ist.

Hilfreich bei der Werteorientierung ist die Unterscheidung von einer pyramidalen Wertordnung, bei der man einen zentralen Leitwert verfolgt – zum Beispiel ein guter Vater zu sein –, und einer parallel gesicherten Wertordnung, bei der es um Netzwerke von Werten geht, wie sich beispielsweise für die eigene Familie einzusetzen, aber genauso Freundschaften, Hobbys und ehrenamtliches Engagement zu pflegen. Bei einer solchen Wertordnung ist das Fundament viel breiter und deshalb auch stabiler. Die Verwirklichung solcher persönlichen Werte ist immer mit Sinnerfahrungen verbunden: Mein Beitrag zum Leben macht Sinn! Sinn wiederum ist ebenfalls ein wirksames Gegenmittel gegen Ängste, möglicherweise das wirksamste überhaupt. Weil Sinn meinem Handeln ein Fundament und eine Ausrichtung auf ein Ziel hin verleiht und damit eine Brücke über den Strom der Ängste zu schlagen vermag.

Verantwortung kann durchaus mit Ängsten einhergehen, wenn ich mich der Verantwortung (noch) nicht gewachsen fühle, wenn sie mir zu groß erscheint und ich zunächst keinen Zugang finde. Das ist menschlich und normal. Und wie jede Reise mit dem ersten Schritt beginnt, gilt auch hier das gleiche Prinzip. Dabei kann es hilfreich sein, Etappenziele festzulegen und mich erst einmal ganz auf diese zu konzentrieren – Schritt für Schritt hineinspüren, was möglich ist, wie oben schon angeführt. Vielleicht braucht es dann gar nichts weiter, vielleicht steigen andere mit ein, vielleicht wird es unerwartet leichter. Niemand sagt, dass ich allein auf die Reise gehen muss, ich kann mir jederzeit Unterstützung an die Seite holen, da, wo ich es brauche.

Wo haben Sie in Ihrem Leben Verantwortung übernommen? Halten Sie dabei gerne Rückschau auf Ihr Leben. Vielleicht fällt Ihnen bereits eine Situation aus Ihrer Kindheit oder Ihrer Jugend ein? Wie war das als junger Mensch? Wandern Sie ein wenig durch Ihre eigene Geschichte der Verantwortung. Verweilen Sie bei diesen Erfahrungen für ein paar Minuten.

Woran hat sich die Verantwortung gezeigt? Wie hat sie sich angefühlt? Damals und heute?

Hatten Sie schon einmal Angst vor einer vermeintlich übergroßen Verantwortung, der Sie sich nicht gewachsen fühlten? Was hat Ihnen in dieser Situation geholfen, mit dieser Angst umzugehen? Was hat Ihre Angst gezügelt?

Und was haben Sie heute noch davon? Können Sie vielleicht sogar von sich selbst etwas lernen?

Dankbarkeit

Eine Haltung der Dankbarkeit dem Leben gegenüber ist hinsichtlich der Verantwortungsübernahme eine große Unterstützung. Schauen wir uns die Gründe dafür genauer an. Warum hilft Dankbarkeit gerade in unsicheren Zeiten? Dankbarkeit bringt uns in Verbindung. Dankbarkeit schafft Beziehung, nicht nur zu anderen Menschen, sondern auch zu Materiellem und Nichtmateriellem. So kann man beispielsweise der funktionierenden Stromversorgung genauso dankbar sein wie den schattenspendenden Bäumen an einem heißen Sommertag.

Eine kleine Übung kann uns diese Verbundenheit verdeutlichen. Halten Sie vor einer Mahlzeit einmal kurz inne und vergegenwärtigen Sie sich das, was Sie momentan vor sich auf dem Tisch oder dem Teller haben. Gehen Sie Schritt für Schritt all die Menschen durch, die daran beteiligt waren, dass diese Mahlzeit nun vor Ihnen steht. Sie können dabei noch einen Schritt weitergehen und sich bei der Natur mit ihren vielfältigen Aspekten bedanken, die an der Entstehung der Nahrungsmittel beteiligt war und die ihre Ressourcen zur Verfügung gestellt hat. Aus einem kleinen Schneeball von Dankbarkeit kann mit dieser Übung schnell eine Lawine werden, die uns verdeutlicht, wie sehr wir mit allem verbunden und wie unverkennbar wir auf das Miteinander angewiesen sind.

Dankbarkeit erscheint mir als ein ganz wesentliches Gegenmittel zu Unsicherheit, denn sie richtet unsere Aufmerksamkeit auf das Gegenwärtige, auf das, was hier und jetzt ist. Mit einer Haltung der Dankbarkeit blicke ich auf das, was gerade gut ist, was Bestand hat, was gelingt und mich erfüllt, und nicht auf das, was fehlt, was ich befürchte und was womöglich nie eintreten wird. Damit stärkt Dankbarkeit die Widerstandskräfte, füllt meine Ressourcenspeicher und macht mich handlungsfähiger in schwierigen Zeiten.

Dabei erweist es sich auch als hilfreich, mit einem Blick von Dankbarkeit auf die eigene Geschichte zu schauen, vielleicht auch auf unsere kollektive Geschichte der letzten Jahre und Jahrzehnte, verbunden mit der Frage, wofür ich alles dankbar bin. Möglicherweise erscheint Ihnen dies zunächst widersinnig, wenn es Ihnen im Hier und Jetzt doch gerade nicht gut geht, Sie unter Zukunftsängsten und vielfältigen Belastungen leiden. Es ist allerdings gerade so, dass unsere Fähigkeit, mit alldem umzugehen, steigt, wenn wir uns um unsere Ressourcen und unsere Resilienz aktiv kümmern. Die Haltung der Dankbarkeit ist hierfür meines Erachtens das beste Werkzeug, die beste Medizin.

Sie können diese Haltung von Dankbarkeit kultivieren, indem Sie sich dafür ein wenig Zeit nehmen. Das muss nicht mehr als ein bis zwei Minuten am Tag sein, ein festes Ritual ist allerdings hilfreich zur Verankerung. Dazu schlage ich vor, dass Sie die fünf Finger Ihrer Hand als Erinnerungshilfe dafür nehmen, sich beispielsweise am Abend fünf Dinge zu vergegenwärtigen, für die Sie am heutigen Tage dankbar waren. Denken Sie hierbei möglichst an die kleinen Dinge, die im Alltag häufig untergehen. An das Lächeln eines vielleicht unbekannten Menschen, an den ersten Schluck Tee oder Kaffee am Morgen, an die warme Bettdecke, den Strom aus der Steckdose oder das frische Wasser aus dem Hahn. Denken Sie nicht nur für einen Augenblick, sondern wenigstens für zehn bis fünfzehn Sekunden daran. Unser Gehirn braucht nämlich genau diese Zeit, um etwas neu zu verankern. Aufschreiben oder Weitererzählen verschafft uns diese Zeitspanne.

Sie können zum Beispiel auch ein gemeinsames Ritual mit Ihrem Partner, Ihrer Partnerin oder auch Ihrem Kind oder einer Freundin, einem Freund daraus machen und abends einander die Dinge erzählen, die an dem Tag gut waren und für die Sie dankbar sind. Ein solches festes Ritual kann auch schon sehr bald den Blick auf den Alltag verändern: Man geht mit wacheren Augen durch den Tag und richtet den Fokus auf die kleinen guten, gelingenden Dinge, schon mit dem Gedanken daran, sie in Erinnerung zu behalten – wie die Maus Frederick die Farben und Sonnenstrahlen sammelt –, um sie abends zu erzählen oder aufzuschreiben.

In der Klinik, in der ich tätig bin, beginnen wir das Miteinander in der Traumastabilisierungsgruppe mit einer Dankbarkeitsrunde. Dort, wo es vermeintlich um das Gegenteil geht, steigen wir mit dem Blick auf das ein, was trotz aller Belastung in den letzten Tagen gelungen ist, wofür man dankbar ist. Das Erstaunliche ist: Dieser Einstieg verändert die Atmosphäre, zaubert nicht selten ein Lächeln auf die Gesichter und erleichtert die anschließende Beschäftigung mit Schwerem und Belastendem. Und noch etwas passiert nicht selten: Die Schilderung eines kurzen Augenblicks von Dankbarkeit bei der einen löst beim anderen plötzlich ähnliche Erinnerungen aus. Dankbarkeit steckt an.

Dass auch die Beschäftigung mit diesen vermeintlich kleinen und unbedeutenden Aspekten des Lebens bedeutsam ist, drückt sich in einem tibetischen Sprichwort aus, in dem es sinngemäß heißt: Wenn du dich um die Minuten kümmerst, kümmern sich die Jahre um sich selbst. Ich möchte ergänzen, dass sogar schon zehn bis fünfzehn Sekunden einen Unterschied machen.

Martin Seligman[39], ein bekannter Forscher auf dem Gebiet der Depressionen, postulierte über viele Jahre das Konzept der erlernten Hilflosigkeit als eine wesentliche Ursache für depressive Erkrankungen. Nach jahrelanger Forschung allerdings gestand er sich selbst ein, dass es eben auch zahlreiche Ausnahmen von der postulierten Regel gab, Erfahrungen von Ohnmacht würden zwangsläufig depressiv machen. Er gestand sich und der Öffentlichkeit ein, dass eine Vielzahl von Menschen trotz früherer Lebenserfahrungen von Hilflosigkeit eben nicht depressiv wurde, und fing an, sich damit zu beschäftigen. So wurde er der Begründer der Positiven Psychologie. Ein wichtiges Gegenmittel gegen Ohnmachtserfahrungen, so berichtet er, ist Dankbarkeit. Eine Haltung von Dankbarkeit hilft Menschen ganz offensichtlich dabei, belastende und traumatische Lebenserfahrungen abzupuffern, die Opferrolle zu verlassen und ins Handeln zu kommen. Wenn das schon für Menschen mit belastenden Biographien gilt, dann können wir Dankbarkeit als ein wichtiges Rezept gerade in unsicheren Zeiten nutzen.

Eine kleine Übung hilft mir, immer wieder freundlich und dankbar auf mein Leben zu blicken. Es ist die Beschäftigung mit Vorbildern, Vordenkern und Ideengeberinnen. Hiermit meine ich nicht nur die Personen, die mir in meinem Leben tatsächlich begegnet sind, sondern die vielen, von denen ich profitiert habe, indem ich ihre Bücher, ihre Videos, ihre Musik oder anderes gelesen, gesehen oder gehört habe. Ich bin dankbar dafür, dass diese Menschen mir durch die genannten Medien ihre Erfahrungen und Gedanken zur Verfügung gestellt haben, die es mir heute erlauben, daran anzuknüpfen. Ich kann anfangen, eine Liste dieser Menschen zu führen und notieren, wofür ich dankbar bin. Denn fürs Aufschreiben brauche ich die zehn bis fünfzehn Sekunden, die unser Gehirn benötigt, um neue Nervenzellverbindungen zu knüpfen. Mit etwas Glück öffnet sich dadurch eine Schleuse, die sich nie mehr schließen muss. Ich kann fortwährend bis zu meinem letzten Atemzug diese Haltung kultivieren. Ich bin überzeugt davon, dass dieser Blick mein Leben wesentlich zum Positiven verändert.

Und schließlich können Sie auch dankbar sein für das Dankenkönnen. Vermutlich verfügen nur wir Menschen über diese Fähigkeit. Ich mag mir ein Leben ohne Dankbarkeit gar nicht vorstellen, es wäre kälter und einsamer. Dankbarkeit ist ein Wert, der ein unglaubliches Potential für unsere Gegenwart bereithält, ein Wert, der das Leben lebenswerter macht und Ressourcen freisetzt, um notwendige Veränderungen zu initiieren. Dankbarkeit für das Geschenk des Lebens, das ich mir nicht verdient habe, kann uns dazu veranlassen, davon etwas zurück- oder weiterzugeben. So führt Dankbarkeit zu einem verantwortlicheren Handeln in der Welt. Und Verantwortung für mein Leben und Handeln, für meine Entscheidungen und mein Engagement führt zu Zufriedenheit und Sinn. Verantwortung hilft dabei, Antworten auf die vielen, mitunter beängstigenden Fragen des Lebens zu finden. So kann Verantwortung zu einem Antidot, zu einem Gegenmittel, gegen Angst werden. Unzählige Biographien erzählen diese Geschichte: Wer trotz aller eigenen Ängste Verantwortung übernimmt, entwickelt Resilienz, Mut und Freude.

Wenn Sie mögen, blättern Sie nochmals zurück und beschäftigen Sie sich mit der einen oder anderen Anregung auf den letzten Seiten. Welchen Platz möchten Sie der Dankbarkeit in Ihrem Leben geben? Wofür empfinden Sie bereits heute Dankbarkeit? Wie fühlt sich das an, dankbar zu sein? Spüren Sie auch körperlich nach, ob und was sich vielleicht verändert. Und wo möchten Sie diesen Raum noch erweitern?

GERD MÜLLER

Unser Reichtum ist Verpflichtung

Wir sind eine Welt, in der alles mit allem auf diesem Planeten zusammenhängt. Große gewaltige Herausforderungen fordern ein wesentlich stärkeres gemeinsames solidarisches Handeln der Weltgemeinschaft.

Die Coronapandemie, der Klimawandel, die Auswirkungen des Krieges in der Ukraine und viele Konflikte in den anderen Regionen der Welt sowie Hunger und Armut bei einer weiterhin stark steigenden Weltbevölkerung, vor allem in Afrika, sind dramatische Entwicklungen, die uns alle betreffen. Eine unmittelbare Folge sind große Migrations- und Fluchtbewegungen. Das UN-Flüchtlingskommissariat (UNHCR) erfasste im Mai 2022 mehr als 100 Millionen Menschen weltweit als Flüchtlinge und Vertriebene. Dies ist ein dramatischer Anstieg und deutlich mehr als eine Verdopplung der Flüchtlingszahlen über die vergangenen zehn Jahre.

Dabei werden knapp 90 Prozent der Flüchtlinge von meist sehr armen Entwicklungsländern aufgenommen. 50 Prozent der Flüchtlinge weltweit sind Kinder. Mit 50 Cent am Tag stellen Hilfsorganisationen das Überleben eines Flüchtlings heute sicher, Besonders dramatisch ist die aktuelle Situation der ukrainischen Kriegsflüchtlinge, die Lage in Syrien und Afghanistan, im Jemen, im Südsudan, in Lateinamerika. Das Leid der Menschen ist unermesslich. Ich habe zahlreiche Flüchtlingscamps weltweit besucht und den Hilfeschrei der Betroffenen nach Hause mitgenommen. Betroffenheit genügt nicht, Wegschauen ist eine Schande. Wir in den reichen Industrieländern müssen unserer Verantwortung gerecht werden, und dies ist leider nicht in ausreichendem Maße der Fall.

Wir denken viel zu kurz, wenn wir nur europäische Grenzen absichern. Es ist klar, dass wir das Elend und Leid der Flüchtlinge und Vertriebenen weltweit nicht durch Aufnahmen in Europa lösen können. Aber wir müssen zu Hause unseren Beitrag leisten und zugleich in viel entschiedenerer Weise Fluchtursachen bekämpfen und unsere Nachbarländer und die hauptsächlich betroffenen Regionen unterstützen. Kein Mensch befindet sich freiwillig auf der Flucht. Ich habe Dadaab in Kenia mit zu der Zeit mehr als 400 000 Flüchtlingen, das Auffangcamp für 700 000 Rohingya-Flüchtlinge in Bangladesch oder das afrikanische Durchgangslager in Agadez besucht und mit den ausgebeuteten und von Gewalt gezeichneten Armutsflüchtlingen gesprochen.

Ihr Schicksal steht für die Situation von Millionen von Menschen. Keine Arbeit, kein Essen, kein Einkommen, keine Perspektive zu Hause lässt vielen Menschen keinen Ausweg. Der Klimawandel ist heute schon für über 20 Millionen Menschen, insbesondere für die Bevölkerung in afrikanischen Staaten, der Auslöser dafür, die heimische Region zu verlassen. Die natürlichen Lebensgrundlagen werden durch Dürre, Hitze und Wetterextreme vernichtet. Verantwortlich für den Klimawandel sind diese Menschen nicht, sie sind die Betroffenen einer vornehmlich von den Industrieländern ausgelösten Dynamik der Kohlendioxidemissionen und des daraus erwachsenden fortschreitenden Klimawandels.

Aus 20 Millionen Klimaflüchtlingen könnten, so die Wissenschaftler, schon in wenigen Jahren 100 Millionen werden. Genügt dieser dramatische Ausblick nicht, um viel globaler und in verantwortungsvollem Miteinander für Afrika und andere Entwicklungsregionen zu handeln? Wir brauchen eine weltweite Transformation, eine Green Economy mit einer weltweiten Energiewende. Der Blick auf Europa mit weniger als zehn Prozent der Weltbevölkerung löst die Probleme und Herausforderungen nicht.

Die Herausforderungen von Armut, Hunger und Klimawandel sind lösbar. Das ist die gute Nachricht. Aber wir müssen entschiedener handeln, jetzt, in Europa und weltweit. Wir haben die Technologien und das Wissen, eine Welt ohne Hunger zu schaffen. Dafür wären 40 Milliarden Euro jedes Jahr bis 2035 notwendig, investiert in Agrarentwicklungsmaßnahmen zur Steigerung der Produktivität und in Anpassungsleistungen. Noch einmal: Wir haben dazu die Technik, das Wissen und die vorhandenen Mittel, um den Klimawandel zu stoppen.

Die reichsten zehn Prozent der Weltbevölkerung besitzen heute 90 Prozent des Weltvermögens, die ärmsten 50 Prozent der Welt nur ein Prozent. Dies zeigt, welche Ungerechtigkeit herrscht. Aus europäischer Sicht ist die Ausweitung des Green Deal der Europäischen Union auf Afrika und andere Staaten eine zentral notwendige Maßnahme. Wirtschaftspartnerschaften,

Entwicklungszusammenarbeit zum Aufbau erneuerbarer Energiestrukturen, die Nutzung der Sonne Afrikas für Solarenergie und Wasserstoffproduktionen sind notwendig, um Afrika weg von der Kohle zum grünen Kontinent der erneuerbaren Energien zu entwickeln.

Arbeitsplätze für Hunderte von Millionen junger Menschen sind in den nächsten Jahrzehnten erforderlich. Die Bevölkerung Afrikas wird sich bis 2050 von heute 1,4 auf 2,5 Milliarden Menschen nahezu verdoppeln. Investitionen in die Zukunft der Jugend Afrikas sind Investitionen in unsere Zukunft in Europa und verhindern Fluchtbewegungen von viel größerem Ausmaß als heute. Alles hängt mit allem zusammen.

Denken und handeln wir nur lokal, werden wir von globalen Entwicklungen überrollt. Die Weltgemeinschaft, die Politiker, die Verantwortlichen in Staat und Gesellschaft kennen die Herausforderungen. Sie müssen entschieden handeln, ihre Versprechungen umsetzen – lokal und im globalen Verbund. Die Agenda 2030, das Pariser Klimaabkommen und die Biodiversitätskonvention bieten den Rahmen und zeigen die erforderlichen Maßnahmen auf. Was fehlt, ist der entschlossene Wille zum Handeln – über Grenzen hinweg im internationalen Verbund.

Zu den aufgezeigten Maßnahmen gehört auch ein neues globales Verständnis von fairem Handel. Der Ausbeutung der Entwicklungsländer – der Menschen durch Billigstlöhne, der Natur durch fehlende ökologische Standards – muss Einhalt geboten werden. Das deutsche Lieferkettengesetz ist ein erfreulicher erster nationaler Schritt. Die EU wird dem folgen. Notwendig sind aber weltweite Abkommen zum Schutz und zur Einhaltung grundlegender Menschenrechte, wie das Verbot von Kinderarbeit, und zum Schutz der ökologischen Grundlagen des Planeten.

Fluchtursachen bekämpfen heißt, Perspektiven vor Ort zu schaffen. Wertschöpfung muss vor Ort zur wirtschaftlichen Entwicklung und zum Aufbau von Arbeitsplätzen in Entwicklungsländern eingesetzt werden. Entwicklung, Arbeit und Einkommen vor Ort schaffen Perspektiven und verhindern Aggression, Kriege, Flucht und Vertreibung. In diesem Sinne ist Entwicklungspolitik die beste Friedenspolitik.

Die erfreuliche Botschaft ist: Die Herausforderungen sind lösbar. Digitalisierung, Innovationen und moderne Technologien ermöglichen heute, eine Welt ohne Hunger und Armut zu schaffen. Sie ermöglichen es, den Klimawandel zu stoppen und globale Güter zu schützen. Wir müssen uns insbesondere in den Industrieländern diesen Herausforderungen entschlossen stellen und uns als eine Welt verstehen, in der alles mit allem zusammenhängt.

Unser Reichtum ist Verpflichtung. Wir können eine friedlichere, bessere und gerechtere Welt schaffen, in der Menschen Perspektiven und Zukunft in ihrer jeweiligen Heimatregion finden.

ANDREW HARVEY

Zehn Dinge, die du jetzt sofort tun kannst

Ich möchte dir zehn Dinge vorschlagen, die du jetzt oder innerhalb der nächsten 24 Stunden tun kannst, um dich mit *Sacred Activism*[40] und seiner Kraft und Hoffnung zu verbinden. Die ersten sechs laden dich zu einer tiefen und nährenden Verbindung mit deiner Seele ein; die letzten vier helfen dir, Mitgefühl und Freude, die diese Verbindung in dir geweckt hat, in die Tat umzusetzen.

1. Schreibe eine Sache auf, die dich heute dafür dankbar gemacht hat, am Leben zu sein. Das kann etwas so Einfaches sein wie der Geschmack des Frühstücksbrötchens oder wenn du die Eichhörnchen im Park im Schnee herumtollen siehst. Hol dir ein kleines Notizbuch und nimm dir vor, jeden Tag eine Sache aufzuschreiben, die dir Freude gemacht hat. Setz dich am Monatsende hin und lies dir die Liste langsam laut vor. Du wirst sehen: Sie erinnert dich daran, was für ein Segen es ist, einfach nur lebendig zu sein – in einer Welt voller ganz normaler Wunder. Du wirst auch feststellen, dass sie in dir Leidenschaft für das Leben weckt und das Verlangen, es zu schützen und zu bewahren.

2. Schreibe nun, ohne allzu viel nachzudenken oder die Liste zu überarbeiten – einfach „aus dem Herzen heraus" –, zehn Dinge auf, die dir heilig sind. Heute lautet meine Liste: Freundschaft; ihr alle, die ihr dies lest; Gerechtigkeit; Katzen; die ersten Rosen im Sommer; alle Religionen; die weisen Ältesten überall auf der Welt, die sanft und behutsam ihre Weisheit mit uns teilen; Indien; meine tapfere und wilde Mutter; und die Stimme von Maria Callas, die mich seit 40 Jahren in meine eigene wahre Leidenschaft hineinführt. Was steht auf deiner Liste? Du wirst sehen: Allein durch das Aufschreiben wirst du schon von deinen tiefsten Werten, Überzeugungen und Quellen der ermutigenden Freude inspiriert.

3. Denke an jemanden, der dich verletzt oder verraten hat, und gib dir selbst das Versprechen, daran zu arbeiten, ihm oder ihr zu vergeben. Stell dir vor, dass dieser Mensch vor dir steht, umgeben von Licht, glücklich und wohlauf. Bete für ihn, dass er seine Lebensaufgabe erkennt. Auch nur ein einziges Mal einfach und aufrichtig praktiziert, enthüllt dies deine ureigene Kraft des Mitgefühls. Du wirst seine Wahrheit und Freiheit schmecken und aus ihm heraus das Verlangen haben, dass alle Wesen glücklich sein mögen.

4. Lies einen kurzen Text aus einer der spirituellen Traditionen der Welt, der dich inspiriert mit der Liebe und Weisheit der Propheten und Mystikerinnen, die Gott unmittelbar erkannt haben. Der Text, den ich jeden Tag verwende, stammt von Rumi:

O Liebe, o reine tiefe Liebe, sei hier, sei jetzt,
sei alles: Welten lösen sich auf
in deinem unendlichen, makellosen Glanz.
Zarte, lebendige Blätter brennen mit dir,
heller als kalte Sterne.
Mach mich zu deinem Diener, deiner Dienerin,
deinem Atem, deinem Herzen.

5. Wenn du spürst, dass der von dir ausgewählte Text
anfängt, deinen Geist zu erhellen, sprich ein kurzes
Gebet. Es wird dich mit der reinen und tiefen Liebe
verbinden, die dich als ihr Werkzeug in der Welt gebrauchen will. Hier sind vier Gebete, die aus unterschiedlichen Traditionen stammen und die ich selbst
immer wieder im Alltag verwende:

Herr, lass mich so leben, dass ich wirklich von Nutzen bin.

Geliebter, mach mich stark genug, Deinen Willen zu
tun.

Göttliche Mutter, erfülle mich mit Deinem leiden-
schaftlichen Mitgefühl, damit ich unermüdlich
Dein Werk tun kann.

Solange das Weltall existiert und es Lebewesen gibt,
möge auch ich bestehen, um das Elend der Welt zu
vertreiben.

Wenn keines dieser Gebete dich inspiriert oder mit deinen Überzeugungen übereinstimmt, schaffe dir dein eigenes und sprich es zehnmal, mit Leidenschaft, aus ganzem Herzen.

6. Verpflichte dich selbst zu einer spirituellen Praxis. Wenn du noch keine spirituelle Praxis hast, beginne hier und jetzt mit einer einfachen Meditation: Setze dich aufrecht hin, mit geradem Rücken, und beobachte drei Minuten lang deine Gedanken. Erlaube deinem Geist, still zu werden, wie kurz auch immer. In dieser Stille liegt dein größter Schatz – er entfaltet seinen Glanz in dir, wenn du dich darauf einlässt, morgens und abends vor dem Schlafengehen jeweils 20 Minuten einfach zu sitzen. Glaube mir nicht, probiere es aus. Wenn es dich langweilt, zu sitzen und deine Gedanken zu beobachten, versuche es einmal mit der folgenden Imagination. Ich habe sie von einem großen tibetischen Meister erhalten, der mir sagte, man könne sie immer und überall praktizieren: „Stell dir vor, dass Liebe und mitfühlendes Handeln dich in einen großen, funkelnden Diamanten verwandelt haben, der diamantweißes Licht ausstrahlt. Schicke dieses Licht in alle vier Himmelsrichtungen und bete, mit welchen Worten auch immer, dass alle Lebewesen glücklich, wohlauf und beschützt sein mögen."

Mit der Zeit wird diese Meditation dich wachrütteln: zu deinem tiefsten heiligen Wunsch, dass alle Wesen in Harmonie und wahrer Erkenntnis leben mögen, und zu deinem tiefsten heiligen Mut, diesen Wunsch in die Tat umzusetzen. Wenn du die Schönheit dieser Meditationsform erfahren hast, praktiziere sie zu verschiedenen Zeiten in deinem Alltag – egal wann und wo. Du wirst erstaunt sein über ihre Kraft, dich zu deinem mitfühlendsten Selbst heimzubringen.

7. Gestärkt durch Gebet, spirituelle Praxis und Inspiration, wende dich jetzt deinem Leben und den Menschen zu, die Teil davon sind. Jeder hat Freund:innen – vor allem in der heutigen Zeit –, die trauern, krank sind, eine Arbeit suchen oder erhebliche finanzielle Probleme haben. Verpflichte dich selbst dazu, einen dieser Menschen anzurufen und ihn zu fragen, was du tun kannst, um seine Belastung zu verringern. Mach es bald und sei froh darüber, dass es dir möglich ist.

8. Versprich dir selbst, in den nächsten 24 Stunden eine Mahlzeit ausfallen zu lassen und das Geld, das du für sie ausgegeben hättest, an eine seriöse Organisation gegen den Hunger in der Welt zu spenden. Ich empfehle nachdrücklich *Buddhist Global Relief* (BGR). *BGR* legt den Schwerpunkt darauf, Nahrungsmittelhilfe für die Hungernden in der Dritten Welt zu leisten und Projekte zu unterstützen, die bessere Langzeitmethoden der Nahrungsmittelproduktion und Lebensmittelverwaltung entwickeln. *BGR* arbeitet wirtschaftlich und wird von engagierten Menschen geleitet. Auf der Internetseite dieser Organisation findest du weitere Informationen (www.buddhistglobalrelief.org). Jeder Beitrag, auch wenn es nur fünf Dollar sind, hilft viel mehr, als du dir vorstellen kannst. Vergiss nie, dass fast zwei Milliarden Menschen von weniger als einem Dollar pro Tag leben müssen.

9. Die globale Krise, mit der wir jetzt konfrontiert sind, bringt überall auf der Welt Menschen in Not. Um dich herum gibt es Menschen, die leiden. Finde heraus, wer sie sind und was sie brauchen, und lade sechs von deinen Freund:innen dazu sein, sich zusammen mit dir für ihre Unterstützung zu engagieren. Wenn du so handelst, trägst du dazu bei, das Herz deiner Gemeinschaft zu wecken. Meiner Erfahrung nach gibt es mehr Menschen als du denkst, die helfen wollen. Mach jetzt selbst den ersten Schritt und lass dich überraschen und ermutigen.

10. Gehe noch heute, auch wenn du finanzielle Probleme hast, die Selbstverpflichtung ein, zwischen fünf und zehn Prozent deines Einkommens für ein bestimmtes Anliegen deiner Wahl zu spenden. Ich empfehle, etwas zu wählen, das dich tief bewegt. Mit der Zeit wird dir die Abgabe des Zehnten das heilsame Gefühl geben, nützlich zu sein, und das Anliegen, das du unterstützt, wird dir immer mehr am Herzen liegen, so dass du ganz von allein mehr tun willst. Ich selbst gebe seit einigen Jahren meinen Zehnten für den Erhalt der weißen Sibirischen Tiger. Der Gedanke, dass durch meine kleine Spende vielleicht zwei oder drei dieser wunderbaren und edlen Geschöpfe leben können, macht mich glücklich. Welches Anliegen auch immer dich wirklich bewegt – hilf jetzt. Warte nicht. Überall um uns herum gibt es großes Leid, und es wird wahrscheinlich noch schlimmer werden. Wenn du jetzt reagierst, wird dies dich unmittelbar ermächtigen.

Und noch ein letzter Vorschlag, denn die 11 ist eine heilige Zahl – es ist die Zahl des Hexagramms Tai im I Ging, das „Frieden" bedeutet und laut dem Kommentar von Richard Wilhelm „eine Zeit in der Natur bezeichnet, wenn der Himmel auf Erden zu sein scheint". Nimm dir vor, ständig etwas Kleingeld in der Tasche zu haben, um einem der vielen und immer mehr werdenden Obdachlosen etwas geben zu können. Als Kind habe ich diese Gewohnheit von meiner Großmutter in Indien gelernt, und im Laufe der Jahre kam ich dadurch mit einigen außergewöhnlichen Menschen in Kontakt. Eine Begegnung möchte ich hier besonders hervorheben: Vor einem Tempel in Südindien stand eine lange Schlange von verwahrlost aussehenden Bettlern, unter ihnen eine sehr alte Frau in einem zerlumpten und schmutzigen Sari, ohne Schuhe. Ich gab ihr, was ich bei mir hatte, etwa einen Dollar. Ich beobachtete erstaunt, wie sie auf unsicheren Beinen zum nächsten Essensstand ging, eine Handvoll Chapatis kaufte, sie vorsichtig in zwei Teile brach und sie mit einem Hund teilte, der genauso abgemagert war wie sie.

Wenn wir alle wüssten, was diese arme alte Bettlerin wusste, wären die Hunderte Kinder, die verhungert sind, während du dieses Kapitel liest, noch am Leben.

GILDA SAHEBI

Was im Iran geschieht,
ist feministische Weltgeschichte

In ihrem Buch *Mein Iran*[41] erzählt Shirin Ebadi von
jenem Morgen, als sie die Tageszeitung *Enghelab-e Es-
lami* – übersetzt: Islamische Revolution, kein besonders
kreativer Name – aufschlug. Aus der Zeitung erfuhr die
spätere Friedensnobelpreisträgerin, dass sich ihr Leben
und das aller Frauen im Iran mit einem Schlage verändern würde. Denn in der Zeitung war der Entwurf des
islamischen Strafgesetzbuches abgedruckt, eines neuen
Gesetzeswerkes, das die vermeintlich islamischen Mo-
ralvorstellungen der neuen Machthaber umsetzen sollte.
In ihrem Buch schreibt sie: „Die grauenvollen Gesetze,
gegen die ich den Rest meines Lebens ankämpfen sollte,
starrten vom Papier aus zurück."
  Sie zählt auf, was diese Gesetze beinhalteten: Das
Leben einer Frau sollte nur noch die Hälfte eines Mannes wert sein. Stirbt eine Frau bei einem Autounfall,
erhält ihre Familie nur halb so viel an finanzieller Ent-
schädigung wie die Familie eines Mannes. Auch vor
Gericht brauchte man von nun an zwei Frauen, um die
Aussage eines Mannes aufzuwiegen. Frauen im Iran, so
das Gesetzeswerk, benötigten außerdem die Erlaubnis
ihres Mannes, um sich scheiden zu lassen. Und noch
viel mehr. „Kurz gesagt, die Gesetze drehten die Uhr
um 1400 Jahre zurück zu den frühen Tagen der Aus-

breitung des Islam", schreibt Shirin Ebadi in ihrem Buch.

So wie Shirin Ebadi wachten Millionen iranischer Frauen von einem Tag auf den anderen in einer dystopischen Welt auf. So beschreibt Ebadi, dass, war sie einen Tag zuvor noch in einer gleichberechtigten Ehe mit ihrem Mann, sie nun zu einer „gesetzlichen Habe" wurde, während ihr Mann eine „Person" bleiben konnte. Die Zwangsverschleierung, um die es heute in der Diskussion um die Proteste im Iran so oft geht, war und ist nur die äußerliche Verkörperung der Demütigung und Entrechtung aller Frauen im Iran. Doch was heißt das für den moralischen und gesellschaftlichen Stellenwert eines Frauenlebens? Der Geistliche Sadeq Shirazi drückte es einmal so aus: Gott habe drei Arten von Tieren geschaffen. Zum einen Tiere, die dazu da seien, die Menschen zu transportieren, wie Pferde und Kamele. Zum zweiten Tiere, die erschaffen wurden, um die Menschen zu ernähren, wie Schafe, Ziegen und Kühe. Die dritte Art von Tieren seien die Frauen. Wie Schafe, Ziegen und Kühe seien sie geschaffen worden, damit Männer sie benutzen könnten. Sie sind also auch nur ganz normale „Nutztiere", zur Befriedigung des Mannes. Gott habe diesen Tieren aber das Aussehen von Frauen gegeben, damit Männer keine Angst vor ihnen haben müssten.

Shirazi ist nicht irgendein Kleriker; er ist im Iran bekannt. Sein Blick auf Frauen ist repräsentativ für den Blick der theologischen Fundamentalisten. Dieser misogyne, hasserfüllte, menschenverachtende Blick auf Frauen ist Staatsdoktrin. Er führt dazu, dass Frauen als

Objekte gelten und systematischer sexueller Gewalt ausgesetzt sind – ausgeführt von Menschen, denen Frauenhass beigebracht wird.

All das erklärt die Wut, die seit Mitte September 2022 auf den Straßen Irans zu sehen ist. Sie erklärt die Leidenschaft, mit der sich Frauen den Hijab vom Kopf nehmen, wegstecken, in der Luft schwingen, ins Feuer werfen. Sie erklärt den Mut, der die Menschen, Frauen, Männer, LGBTIQ-Personen, protestieren lässt, wissend, dass es sie ihre Freiheit und ihr Leben kosten kann. Denn: Sie wissen, dass ihnen etwas weggenommen wurde. Etwas, das ihnen zusteht. Die systematische Unterdrückung der Frauen, die letztendlich alle Menschen in ihrer Freiheit beeinflusst und beschränkt, ist für die Menschen im Iran nichts Gottgegebenes oder gar „normal" – sondern sie ist die Folge von Entscheidungen einer Riege fundamentalistischer Kleriker.

Was im Iran geschieht, ist feministische Weltgeschichte. Und zwar unabhängig davon, wie der Fortlauf dieser Geschichte ist. Denn was die Frauen im Iran seit dem Herbst 2022 beweisen, ist, dass der innere Drang von Frauen nach Freiheit, nach sexueller Selbstbestimmung und ihr Anspruch auf die fundamentalen Frauenrechte nichts ist, was vom „Westen" kommt. Nach Jahrhunderten der Kolonisierung der Region des sogenannten Nahen Ostens wird in Europa und in Nordamerika noch immer das Bild von Gesellschaften gezeichnet, die rückständig seien. Diese Message erreicht uns nicht expressis verbis (außer sie kommt von ganz rechts). Sondern sie ist verpackt in Bildern, die uns über die *Tagesschau* erreichen und die Cover von Nachrichtenmagazinen schmücken. Auf denen man immer die chaotischen, vollbepackten Basare sieht, nie die modernen Büroräume. Auf denen man Frauen in unterwürfigen oder unscheinbaren Posen sieht, aber nie zupackend, entschlossen. Diese Message ist verpackt in politischen Debatten, zum Beispiel, wenn der ehemalige Außenminister Heiko Maas in einer Rede im Bundestag zum Abzug der Bundeswehr im Juni 2021 erklärt, was Deutschland in Afghanistan „erreicht" habe. Die afghanische Zivilgesellschaft sei „in dieser Zeit selbstbewusster" und sich ihrer Rechte „bewusst" geworden. Menschenrechte seien in der Verfassung verankert, Frauen führten ein „viel freieres Leben". Hier ist sie wieder, die implizite Message: Wir, der Westen, bringen denen, im Nahen Osten, Freiheit, Menschenrechte, Frauenrechte. Wir bringen ihnen etwas bei.

Nun zeigen es die Menschen, vor allem die Frauen, im Iran (und natürlich nicht nur dort!): Wir brauchen euch nicht, um zu verstehen, was Menschenrechte sind. Sie verstehen es nicht nur, sie setzen ihr Leben aufs Spiel, um diese endlich wieder zu erlangen. Das Netz ist geflutet von Bildern mit Schülerinnen, die zivilen Widerstand leisten. Auf Bildern sieht man, wie zuvor beschrieben, junge Schülerinnen von hinten, den Hijab abgenommen, die langen dunklen Haare über ihre Rücken fallend, wie sie sich an den Händen nehmen. Auf die Schultafel haben sie geschrieben: „Für meine Schwester, deine Schwester, unsere Schwestern". Sisterhood in ihrer Bestform, gezeigt von Mädchen, die in einem Staat geboren sind, der ihnen genau das von klein auf verboten hat. Und trotzdem sind sie groß geworden, mit dem Wissen von Generationen von Frauen vor ihnen, dass der einzige Weg für Frauen, frei zu sein, die Solidarität mit- und untereinander ist.

So wie die Geschichte einer Schülerin aus dem *ARD Weltspiegel*. In ihrer Schulklasse nimmt sie ihren obligatorischen Hijab ab, und der Lehrer droht ihr, dafür von der Schule geworfen zu werden. Als er nach ihrem Namen fragt, antwortet sie: Mahsa Amini. Und dann stehen alle anderen Schülerinnen auf und sagen: Wir heißen auch Mahsa Amini.

Diese Solidarität, und das ist neu, zieht sich durch alle Altersgruppen, durch alle Ethnien, durch alle Schichten – und sogar durch alle Geschlechter: Frau, Leben, Freiheit, der „weiblichste und zivilisierteste Slogan, der Frauen und Männer von Teheran bis Kurdistan vereint", so drückte es die Frauenrechtlerin Mansoureh Shojaee gegenüber dem *Handelsblatt* aus. Es ist, als ob 43 Jahre gewaltsames Patriarchat dieses fast schon ursprüngliche Wissen um die Stärke der Solidarität, der Sisterhood, nicht nur nicht haben ausmerzen können – sondern sie in diesen Frauen und Mädchen haben wachsen lassen. Der Tod von Jina Amini hat diese Kraft bei vielen Menschen entfesselt.

In der ganzen Region schauen Menschen wie gebannt auf das, was im Iran geschieht. Anders als wir im Westen sind sie dort nicht überrascht, dass die Iraner*innen für Frauenrechte, für Menschenrechte kämpfen. Sondern sie sind überrascht, dass es Wirkung zeigt, dass das Regime wackelt, und vor allem, dass die Menschen nicht aufhören zu kämpfen – egal, wie brutal die

Proteste niedergeschlagen werden. Sie sehen, dass Regimekräfte auf der Straße wahllos auf Menschen und sogar in Häuser hineinschießen. Sie sehen, dass junge Mädchen, die den Hijab abnehmen, verhaftet werden, gefoltert, vergewaltigt und getötet.

Sie sehen aber auch, dass die Familien dieser jungen Menschen nicht still sind, sondern alle anderen dazu aufrufen, weiterzumachen. So wie die Mutter von Nika Shakarami, der bereits erwähnten 15-Jährigen, die brutal umgebracht und zuvor vermutlich gefoltert und vergewaltigt wurde. Ihre Mutter hielt am 2. Oktober, Nikas Geburtstag, und wenige Tage nach ihrem Tod, ein Bild ihrer Tochter in die Kamera und gratulierte ihr zu ihrem Geburtstag und sie war stolz, dass ihre Tochter „Märtyrerin" für die Freiheit geworden ist.

Die Menschen in der Region sehen, dass die Iraner*innen sich nicht niederknüppeln lassen, trotz der fast unvorstellbaren Gewalt, die das Regime seiner eigenen Bevölkerung antut. Die Protestbewegung im Iran zeigt schon jetzt, was für eine Kraft der Kampf für Rechte entfalten kann, die die Führungen dieser Länder, ob in Afghanistan oder im Iran, mit Verachtung abtun. Ende September fanden sich afghanische Frauen vor der iranischen Botschaft in Kabul ein, hielten Protestschilder hoch und riefen: „Frauen, Leben, Freiheit" und „Von Kabul bis Iran, sagt nein zur Diktatur!" *France 24* zitiert eine der Frauen mit den Worten: „Wir müssen diesen schrecklichen Regierungen ein Ende setzen. Die Menschen hier sind der Verbrechen der Taliban auch müde. Wir sind sicher, dass unser Volk genauso aufstehen wird wie das iranische Volk."

Man stelle sich vor, welche Kraft sich erst entfalten könnte, sollte das iranische Regime tatsächlich fallen.

Es könnte der Beginn eines Umbruchs in der Geschichte dieser Region sein, der dazu führt, dass die Menschen sich der Fesseln entledigen, die ihnen Kolonialismus und ein diktatorischer Machthaber nach dem anderen angelegt haben. Wie lange ein solcher Umbruch dauert, Monate, Jahre, Jahrzehnte, das kann niemand voraussagen. Eines ist sicher: Sie haben Kraft. Die Kraft, zu dem zurückzukehren, was alle Menschen sich wünschen, egal welcher Herkunft, egal welchen Geschlechts, egal welchen Orts: Freiheit, Gleichheit. Und Schwesterlichkeit.

Jane Goodall

Den Tieren helfen
in Zeiten der Not

Wenn ich auf die über fünfzig Jahre zurückblicke, die ich mit Schimpansen verbracht habe, bin ich immer wieder von neuem beeindruckt, wie viel wir über Schimpansen gelernt und wie wir durch dieses Wissen wahrgenommen haben, wie sehr sie uns gleichen – oder wir ihnen. Wir haben nicht nur von den Forschungen in Gombe in Tansania gelernt, sondern auch, nach und nach, durch die Feldforschungen anderer Biolog:innen, die Schimpansen in verschiedenen Gebieten ihrer Lebensräume studiert haben. Wissenschaftler:innen, die mit Schimpansen in Gefangenschaft gearbeitet haben, haben mehr und mehr herausgefunden, wie ähnlich ihre Biologie im Vergleich zur unseren ist. Die DNA von Schimpansen und Menschen unterscheidet sich nur um etwa ein Prozent. Ihr Blut ist so wie unseres, so dass wir eine Bluttransfusion von einem Schimpansen erhalten könnten, wenn die Blutgruppe übereinstimmt. Ihr Immunsystem ist dem unseren so ähnlich, dass sie sich mit allen bekannten ansteckenden Krankheiten infizieren können, die wir Menschen haben. Noch faszinierender für mich ist die Tatsache, dass die Anatomie ihres Gehirns unserer so ähnlich ist – das Hirn eines Schimpansen ist nur ein bisschen kleiner. Es ist also keine Überraschung, dass die intellektuellen Fähigkeiten von

Schimpansen unseren menschlichen so ähnlich sind: Sie sind intellektuell zu Dingen fähig, von denen wir dachten, dass nur Menschen dazu in der Lage seien.

Was ich über Schimpansen gelernt habe

Der erste größere Durchbruch, den ich in dieser Hinsicht bei freilebenden Schimpansen machte, war zu sehen, als ein Schimpanse ein Büschel Gras pflückte, um es als Werkzeug zu gebrauchen. Und dann sah ich, wie er weiterging und einen Zweig pflückte, die Blätter davon entfernte und auf diese Weise ein Werkzeug herstellte. Damals dachte man noch, dass nur Menschen Werkzeuge benutzen und herstellen würden; das war geradezu eine Definition des Menschseins: die Fähigkeit des Werkzeuggebrauchs. Als mein Mentor Louis Leakey (1903–1972) von meinen Beobachtungen erfuhr, sagte er: „Jetzt müssen wir den Menschen neu definieren, den Begriff Werkzeug neu definieren oder akzeptieren, dass Schimpansen Menschen sind."

Wir fanden ebenso heraus, dass es unglaubliche Ähnlichkeiten im Sozialverhalten gibt. Wenn wir uns zum Beispiel anschauen, wie Schimpansen kommunizieren: Sie haben viele verschiedene stimmliche Äußerungen, aber sie kommunizieren auch durch das, was wir Körpersprache nennen können: Küssen, Umarmen, Hände-Halten, Auf-den-Rücken-Klopfen, Stolzieren, Steine-Werfen, Mit-Bündeln-Winken, Lachen. Sie äußern sich auf diese Weise in denselben Kontexten, wie wir es tun. Mein besonderes Interesse hier galt der Kommunikation zwischen Angehörigen derselben Familie. Die Familienbande zwischen Mutter und Kleinkind und zwischen Geschwistern sind beeindruckend stark und können ein Leben lang andauern. Es gibt keine bleibenden Beziehungen zwischen erwachsenen Schimpansenmännern und nicht-verwandten Schimpansenfrauen, aber Schimpansenmänner verhalten sich im Allgemeinen gegenüber den Kleinkindern ihrer Gemeinschaft als Väter. Sie patrouillieren an den Grenzen des Territoriums ihrer Gemeinschaft und schützen die Ressourcen für die Schimpansenfrauen und den Nachwuchs. Die Bindungen zwischen Familienmitgliedern sind so stark, dass ein Kleinkind beim Tod seiner Mutter nahezu unmittelbar von einer älteren Schwester oder einem älteren Bruder adoptiert wird. Ist es alt genug, dass es ohne Muttermilch überleben kann, rettet die ältere Schwester oder der ältere Bruder damit tatsächlich sein Leben. Allerdings sind Schimpansen davon abhängig, die ersten drei Lebensjahre gestillt zu werden. Das ist eine lange Kindheit, während der die Schimpansen-Kleinen durch Beobachten und Ausprobieren lernen, so wie das unsere Kinder tun. Heute wissen wir, dass Schimpansen in den verschiedenen Regionen Afrikas, wo sie studiert wurden, unterschiedliche Gewohnheiten des Werkzeuggebrauchs an den Tag legen und an die Jungen weitergeben. Wir können also von „primitiven Kulturen" sprechen.

Es war ein großer Schock für mich, als ich herausfand, dass Schimpansen zu Gewalt und Brutalität fähig sind. Es gab sogar eine Art von primitivem Krieg, als die Schimpansenmänner einer Gemeinschaft eine andere Gemeinschaft völlig vernichteten mit Ausnahme der erwachsenen jungen Schimpansenfrauen, die sie für sich zu rekrutieren suchten. Und es erschreckte mich wahrzunehmen: Von dieser Gewalt zu erfahren, schien sie uns Menschen noch ähnlicher zu machen, als ich zuvor dachte. Das ist eine traurige, aber wahre Anmerkung. Dennoch müssen wir es uns zu Herzen gehen lassen, dass sie trotz der dunklen Seite, die sie so wie wir haben, ebenso Liebe, Mitgefühl und wirklichen Altruismus zeigen. Wenn wir also tatsächlich bestimmte Neigungen aus unserer eigenen Primaten-Vergangenheit geerbt haben – was wir annehmen, wenn wir die Evolutionstheorie zugrunde legen –, dann gehören auch Liebe, Altruismus und Mitgefühl dazu. Und es scheint mir, dass im Inneren von jeder/m von uns diese beiden Seiten miteinander in Streit liegen und dass es an jeder/m von uns liegt zu kämpfen, die dunkle Seite niederzuhalten und die helle zu entwickeln.

Wenn ich auf die fünfzig Jahre meiner Forschungen zurückschaue, ist es für mich eindeutig, dass wir Menschen nicht die einzigen Wesen mit Persönlichkeit, Verstand und Gefühlen sind und dass es keine scharfe Trennlinie gibt zwischen uns und dem Rest des *Animal Kingdom* (Tierreichs). In früheren Zeiten haben Menschen das verstanden. In vielen östlichen Philosophien lebt dieses Verständnis fort. Indigene Völker sprechen von Tieren als von Brüdern und Schwestern so wie der heilige Franz von Assisi. Aber wir haben uns in der westlichen Welt von diesem Verständnis entfernt und eine Trennung vorgenommen zwischen „ihnen" und

„uns". Die Schimpansen helfen der Wissenschaft wahrzunehmen, dass es keine wirkliche Trennung gibt und die Trennlinie zwischen uns nicht scharf, sondern sehr verschwommen ist.

Ich denke, dass alle von uns, die ihr Leben in einer bedeutungsvollen Weise mit einem Hund oder einer Katze, einem Kaninchen, Kanarienvogel, Pferd, Esel oder irgendeinem anderen Tier mit einem komplexeren Hirn geteilt haben, wissen, dass Tiere Persönlichkeit, Verstand und Gefühle haben, dass sie es verdienen, Namen zu tragen, dass sie nicht einfach Dinge sind, die es nur zu unserem Vergnügen auf der Welt gibt, um sie zu gebrauchen oder zu missbrauchen, wie es uns gefällt. Und da uns Schimpansen auf so vielerlei Weise ähnlich sind, in ihrer Biologie und in ihrem Verhalten, mental und emotional, war es relativ einfach, am Beispiel der Schimpansen deutlich zu machen, dass sie Lebewesen sind, die einen eigenen Platz in der Natur der Dinge haben. Daher war mein wachsendes Verständnis des Verhaltens von Schimpansen äußerst hilfreich bei meinen Anstrengungen, menschliches Verständnis für die wahre Natur von Tieren zu wecken. Und je mehr wir über eine Vielzahl von Tier-Spezies mit komplexen Hirnen und komplexem Verhalten erfahren haben, umso offensichtlicher wurde es auch für die hartleibigsten Wissenschaftler:innen, dass sie unrecht hatten und dass Tiere eine Bedeutung eigenen Rechts haben. Es gibt immer noch gewissen Widerstand gegen diese Einsicht – meistens von Menschen, die invasive Tierforschung betreiben oder die am Geschäft intensiver landwirtschaftlicher Tiernutzung zur Nahrungsmittelerzeugung beteiligt sind oder an anderen grausamen Praktiken dieser Art.

Trotz der Nähe zwischen Mensch und Schimpanse gibt es Unterschiede

Ich habe die Ähnlichkeiten zwischen Schimpansen und Menschen herausgestellt, aber wir müssen auch über Unterschiede nachdenken. Für mich stellt die explosionsartige Entwicklung des menschlichen Intellekts den Hauptunterschied dar. Ja, es stimmt: Schimpansen können Dinge tun, von denen wir niemals dachten, dass sie sie jemals tun könnten. Sie können sich selbst im Spiegel erkennen. Sie können verallgemeinern und abstrakte Symbole verstehen. Sie können Gebärdensprache erlernen, die Zeichensprache, die von gehörlosen Menschen genutzt wird: Sie können 400 und mehr dieser Gebärden lernen und nutzen, um untereinander und mit ihrem Lehrer zu kommunizieren. Sie können Erstaunliches am Computer tun. Trotzdem: Selbst der hellste Schimpanse kann nicht mit einem durchschnittlichen Menschen verglichen werden, wenn es um die intellektuellen Fähigkeiten geht. Denken Sie daran, was wir alles mit unseren erstaunlichen menschlichen Hirnen erreicht haben: Wir haben Leute auf den Mond geschickt. Wir haben eine Medizintechnologie entwickelt, die Hunderten von Menschen (und Tieren) das Leben gerettet hat. Und denken Sie an unsere Literatur, Kunst und Musik, die veranschaulichen, wozu Menschen intellektuell in der Lage sind. Es ist ziemlich traurig, dass wir unser Hirn auch für weitaus weniger wertvolle Zwecke verwenden, zum Beispiel, um Massenvernichtungswaffen zu erfinden. Aber ich glaube, dass das Gute das Böse überwiegt.

Wodurch hat sich unser Intellekt so stark entwickelt, verglichen mit dem von Schimpansen oder jedem anderen Geschöpf? Ich denke, der Grund liegt darin, dass wir an einem bestimmten Punkt unserer Evolution eine sehr komplexe Sprache entwickelt haben. Ob Englisch oder Deutsch, wenn wir eine Sprache verstehen, können wir miteinander diskutieren. Wir können mit ihr Menschen zusammenbringen, die ein unterschiedliches Verständnis von der Welt um sie herum haben, um ein Problem zu lösen. Und jede Person wird ihre eigene Weisheit einbringen. Mit Sprache können wir unseren Kindern etwas über Dinge beibringen, die nicht anwesend sind, oder über Ereignisse, die nicht gegenwärtig sind. Ich kann Ihnen Geschichten von meiner Arbeit in Gombe erzählen, und Sie können sich dann vorstellen, dass Sie dort wären – und zwar deshalb, weil wir Wörter benutzen können, um Bilder zu malen und Gefühle in denen hervorzurufen, die uns zuhören.

Ist es nicht tragisch, dass wir trotz – oder vielleicht auch wegen – unseres hoch entwickelten Intellekts dabei sind, unseren einzigen Planeten zu zerstören? Menschen überall auf der Welt erörtern, wie wir den Planeten vor den Folgen des Klimawandels bewahren können, der durch verantwortungsloses menschliches Handeln in Gang gesetzt wurde. Heute sehen wir die Zeichen dieses Wandels überall: Es geht um das Überleben von Tierarten, um Millionen Menschen, die in

Armut gestürzt werden, um Menschen, die aufgrund von Umweltveränderungen gezwungen werden, aus ihrer Heimat zu flüchten – und um viele andere Folgen.

Wir scheinen Weisheit verloren zu haben, die Weisheit indigener Völker, die Entscheidungen auf der Grundlage der Frage getroffen haben: Was bedeutet diese Entscheidung, die wir heute treffen, für Menschen in der Zukunft? Wir dagegen treffen allzu oft Entscheidungen auf der Grundlage von Fragen wie: Wie betrifft die Entscheidung, die ich heute treffe, mich in der Gegenwart? Oder: Wie berührt sie meine zukünftige politische Karriere? Oder das nächste Treffen der Aktionär: innen in drei Monaten? Diese Art von Kriterien gebrauchen wir – und der gute alte Planet Erde leidet als Folge davon.

Was für eine merkwürdige Mischung wir Menschen sind.

Spiritualität in der Natur

Vieles, was ich über die menschliche Natur denke, entstand aus dem Vergleich menschlichen Verhaltens mit dem der Schimpansen, Geschöpfen, die uns auf so viele Weisen so ähnlich sind, und im Nachdenken darüber, wie wir uns unterscheiden, auf welche Weise wir eine einzigartige Spezies sind. Im Lauf der Zeit stellten sich durch die Forschungsarbeit mehr und mehr Ähnlichkeiten heraus, so dass ich fortwährend darüber nachdachte, was es bedeutet, Mensch zu sein. Was Intellekt oder Gefühlsleben betrifft, wurde ein Merkmal nach dem anderen, das früher als einzigartiges Kennzeichen des Menschen betrachtet wurde, auch bei Schimpansen nachgewiesen (und bei anderen Tieren auch). Viele Leute waren darüber aufgebracht – und versuchten angestrengt nachzuweisen, wie wir uns doch vollständig vom ganzen Rest der Lebewesen unterscheiden.

Etliche Leute, besonders in Religion und Wissenschaft, scheinen ein echtes Bedürfnis nach einem Beweis zu haben, dass wir doch ziemlich anders seien als die anderen Lebewesen. Sie bemühen sich eifrig darum, uns Menschen abzugrenzen, auf ein Podest zu stellen, uns eine einzigartige und privilegierte Stellung auf diesem Planeten zu geben. Und so wie die alten Grenzen, die uns vermeintlich von den anderen Lebewesen trennen, eine nach der anderen gefallen sind, versuchten manche verzweifelt, neue Unterschiede zu finden.

Ist der Umgang mit dem Tod ein solcher Unterschied? Begraben Schimpansen ihre Toten. Nein – aber Elefanten tun es. Trauern Schimpansen? Ja, sie werden depressiv. Tatsächlich kommt es vor, dass ein Schimpansenkind stirbt, wenn die Mutter stirbt, obwohl es fähig ist, von fester Nahrung zu leben. Es scheint so, dass ihre Welt zusammenbricht, wenn sie ihre Mutter verlieren. Dann verlieren sie ihren Lebenswillen, zeigen Anzeichen klinischer Depression und können tatsächlich daran sterben. Das gilt auch für einige andere Lebewesen.

Haben Schimpansen eine Seele? Wir können nicht beweisen, dass wir Menschen eine Seele haben. Wahrscheinlich glauben viele Menschen, dass sie eine Seele haben, oder sie hoffen es. All die Monate und Jahre, die ich auf mich allein gestellt in den Wäldern verbracht habe, wo alles Leben miteinander verwoben ist, haben mir ein Gefühl des Staunens und der Zeitlosigkeit geschenkt. Einige der Bäume wuchsen schon dort, als Jesus Christus auf dem Planeten Erde wandelte.

Je mehr ich in Einklang kam mit dieser wundervollen natürlichen Welt, mit ihrem Regen, ihren Stürmen, ihren wunderschönen Seen, den Sonnenauf- und -untergängen, empfand ich sehr stark eine große spirituelle Macht, die alles umgibt. Meine Mutter hatte mir und meiner Schwester beigebracht: Wo auch immer in der Welt Menschen geboren würden, verehrten sie einen Gott, und Gott würde unterschiedliche Namen tragen, ob „Allah", „Tao" oder „Gott". Sie sagte: „Wisst ihr, es gibt nur einen Gott. Es kann nur einen Gott geben. Welchen Namen auch immer wir Gott geben, es ist derselbe Gott, den wir verehren." Das lehrte mich meine Mutter, als ich ein Kind war.

Als erwachsene Frau war ich draußen in den Wäldern, umgeben von dieser spirituellen Macht, die ich Gott nenne, und in mir wuchs die Empfindung immer stärker, dass jedes lebendige Ding in diesem wundervollen Wald einen Funken dieser spirituellen Macht in sich trug. Als Menschen verfügen wir über Sprache und haben einen erstaunlichen Intellekt ausgebildet. Daher fragen wir uns: Wer bin ich? Warum bin ich hier? Was ist der Sinn des Lebens? Indem wir diesen Funken des Göttlichen in uns selbst fühlen, haben wir Menschen das Bedürfnis, ihm einen Namen zu geben. Wir nennen ihn „Seele" (oder „Geist"). Ich glaube, dass die Schimpansen, und die anderen Tiere auch, diesen Funken des

Göttlichen in sich tragen. Sie kümmern sich nicht darum, wie er genannt wird, ob er „Seele" oder anders heißt. Sie kommen damit aus, Teil dieser natürlichen Welt zu sein. Sie stellen sie nicht in Frage. Und wahrscheinlich ist es wahr, dass auch die Bäume und Pflanzen, diese wunderbaren Lebensformen, ebenfalls einen Funken des Göttlichen in sich tragen.

Wenn ich draußen in der Natur bin, im Wald, in den Bergen, in den Landschaften des Flachlands oder auf See, dann verliere ich jedes Gefühl von mir selbst. Das „Ego" ist nicht von Bedeutung, ich kann mich selbst vergessen. Wenn ich mit jemand anderem zusammen bin, werde ich daran erinnert, dass ich ein Mensch bin. Aber wenn ich allein bin, vergesse ich, dass ich ein Mensch bin, und habe eine tiefe Empfindung, mit der Natur eins zu sein. Etwas Ähnliches habe ich in einigen der großen Kathedralen empfunden; aber dieses Gefühl hat mir nicht dieselbe Empfindung der Einheit mit dem Universum gegeben, die ich im Wald gefunden habe.

Tiere haben eine große Bedeutung für Menschen

Tiere können uns auf so viele Weisen helfen, und wir beginnen erst zu verstehen, von welch großem Wert sie für uns sind. Sie können kranken und alten Menschen helfen. Man kann beobachten, wie sich Menschen verändern, wenn sie einem Tier begegnen. Wenn ein Hund im Raum ist, ändert sich die Atmosphäre. Einmal lud ich einen Freund zu den Vereinten Nationen ein, als ich dort einen Vortrag hielt. Natürlich brachte er seinen Blindenhund zu der Zusammenkunft mit – und jede:r begann zu lächeln. Autistische Kinder können lesen lernen, indem sie mit einem Hund sprechen. Sie glauben, dass der Hund sie verstehen kann, und so lernen sie Lesen viel besser als durch andere Methoden. Der Grund: Den Hund kümmert es nicht, wenn sie einen Fehler machen. Hunde können mit ihrem Geruchssinn für uns Landminen und Drogen aufspüren. Sie und andere Tiere helfen uns auf so viele Weisen.

Und jetzt ist es Zeit, dass wir den Tieren helfen. Tiere leiden, ob sie in der Intensivtierhaltung oder auf Pelzfarmen gehalten, ob sie als Haustiere misshandelt oder als Zirkustiere einem grausamen Training unterzogen werden. Wir zerstören ihre natürlichen Lebensräume in der Wildnis. Es würde etliche Seiten umfassen, all die Grausamkeiten aufzuzählen, die wir Menschen Tieren antun. Aber es würde auch viele Seiten einnehmen, von den großartigen Menschen zu berichten, die Tieren helfen.

Am Ende meiner Überlegungen möchte ich eine Geschichte von einem Schimpansen erzählen, der in Afrika geboren wurde. Seine Mutter wurde erschossen, als er etwa anderthalb Jahre alt war. Anders lässt sich ein Schimpansen-Baby gar nicht aus der Wildnis nehmen, wenn nicht seine Mutter dabei getötet wird; denn Schimpansenmütter sind überaus beschützend. Der kleine Schimpanse wurde in ein medizinisches Forschungslabor in die Vereinigten Staaten verbracht und in einen Käfig gesperrt, der etwa einen Grundriss von 1,5 mal 1,5 Metern und eine Höhe von 2 Metern hatte.

Obwohl er sehr jung war, als er eintraf, nannte man ihn „Old Man" (alter Mann). Denn wenn Schimpansenkinder depressiv sind, ducken sie sich, ihre Augen stehen stumpf und leer in ihren gezeichneten Gesichtern – so dass sie alt aussehen. Der Schimpanse verbrachte etwa zwanzig Jahre in diesem Labor. Und dann gehörte er zu denen, die Glück hatten: Man brauchte ihn nicht mehr für die Experimente, die sie bislang mit ihm durchgeführt hatten. Am Ende stellte das Labor fest, dass Schimpansen nicht sonderlich nützlich waren für die Forschungen, die sie betrieben. Ihr Organismus ist unserem ähnlich, aber er ist eben nicht derselbe. „Old Man" wurde freigelassen und in einen Zoo auf einer künstlich angelegten Insel gebracht, dort waren mit ihm noch drei Schimpansenfrauen, zwei aus Laboren und eine aus einem Zirkus. Die Insel war von einem Wassergraben umgeben, denn Schimpansen können nicht schwimmen.

Ein junger Mann, Marc Cusano, war angestellt, um nach den Schimpansen zu sehen. Man hatte ihm gesagt: „Nähere dich ihnen nicht. Sie hassen Menschen, sie sind bösartig, sie sind stärker als du, und sie können dich töten!" Marc fütterte sie von einem kleinen Boot aus, indem er die Nahrung auf die Insel warf. Er begann, die Schimpansen zu beobachten. Ein Baby wurde geboren, „Old Man" wurde Vater. Und Marc konnte sehen, wie „Old Man" dieses Kind, ein Schimpansenmädchen, liebte, sein Essen mit ihr teilte, sie tragen wollte und versuchte, sie gegen tatsächliche und vorgestellte Gefahren zu verteidigen. Marc sah auch, wie diese Schimpansen, wenn er sich mit Nahrung näherte, einander voll Freude küssten und umarmten, bevor sie einen Bissen nahmen. So begann er nachzudenken: „Wie kann ich für diese erstaunlichen Wesen sorgen, wenn ich nicht eine Art von Beziehung zu ihnen habe?" Und jeden Tag kam er ihnen etwas näher.

An einem Tag streckte er seine Hand mit einer Banane aus und „Old Man" griff nach ihr. Marc erzählte mir: „Jane, jetzt weiß ich, wie du dich gefühlt hast, als David Greybeard (das ist der erste Schimpanse, der seine Furcht vor mir verloren hatte) das erste Mal eine Banane von dir angenommen hat."

Eines Tages wagte Marc, die Insel zu betreten – und nichts geschah. Niemand verletzte ihn. „Old Man" schien recht freundlich. Also wagte Marc es eines Tages, zu ihm zu gehen und sein Fell zu kraulen. (Schimpansen verbringen Stunden damit, wechselseitig ihr Fell zu pflegen, das ist für ihr soziales Miteinander von großer Bedeutung.) Und eines Tages erwiderte „Old Man" die Gesten. Schließlich traute sich Marc, ihn im Nacken zu kitzeln, und „Old Man" lachte. Sie waren Freunde geworden.

Die Schimpansenfrauen hielten Abstand, aber sie haben Marc niemals angegriffen und verletzt – bis zu einem schicksalhaften Tag. Es regnete und Marc rutschte aus, fiel flach mit dem Gesicht zu Boden und erschreckte das Schimpansenmädchen, das in der Nähe war. Sie begann zu schreien, und die Mutter reagierte, wie es Schimpansenmütter tun – sie kam herbeigerannt in der Annahme, Marc habe ihr Kind verletzt, und biss ihn tief in den Nacken. Die beiden anderen Schimpansenfrauen kamen ebenfalls herbei, um ihrer Freundin zu helfen. Eine biss in Marcs Handgelenk, die andere in sein Bein. Marc fühlte, wie sein Blut an ihm herabfloss. Er lag immer noch regungslos auf dem Boden und schaute auf, wie er sich in Sicherheit bringen könnte. Da sah er „Old Man" herankommen, mit aufgestellten Haaren, einem finsteren Blick und zusammengekniffenen Lippen. Er dachte: „Er meint, dass ich sein Kind verletzt habe", und machte sich bereit zu sterben.

Aber was geschah? „Old Man" zog jede dieser Frauen von Marc weg und hielt sie, schreiend und aufgebracht, wie sie waren, auf Abstand, während Marc sich selbst zum Boot schleppte und in Sicherheit brachte. Ich traf Marc einige Wochen nach dem Vorfall, als er aus dem Krankenhaus entlassen wurde, und er sagte: „Jane, es gibt keinen Zweifel: ‚Old Man' hat mir das Leben gerettet!"

Für mich ist das eine sehr symbolische Geschichte. Wenn ein Schimpanse, ja, ein Schimpanse, der von Menschen furchtbaren Missbrauch erfahren hat, einem menschlichen Freund in Zeiten der Not zu Hilfe kommen kann, dann können wir Menschen mit unserer größeren Fähigkeit, mitzufühlen und zu verstehen, dasselbe auch für Tiere in Zeiten ihrer Not tun. Diese Botschaft müssen wir den religiösen Gemeinschaften ebenso vermitteln wie den Naturwissenschaftler:innen, so dass wir uns zusammenschließen und unsere gottgegebenen Hirne nutzen und die Herzen der Menschen erreichen. Wir müssen es versuchen und eine Veränderung bewirken. Nicht nur um der Tiere willen, sondern auch für unsere eigenen Kinder und für die Generationen, die noch kommen werden.

Brigitte Romankiewicz

Erfahrungen als Katzenclown –
eine Katzengeschichte in vier Akten

Mögen Sie Clowns? Ich selbst liebe vor allem den „dummen August", der nicht nur irgendwelche Faxen macht, den Tolpatsch, bei dem wir mit Spannung und Anteilnahme verfolgen, wie er sich immer wieder mit Schwierigkeiten abmüht, die er immer wieder irgendwie verquer anzupacken scheint, und immer wieder läuft es schief – und trotzdem gibt er nicht auf. Wir bangen mit ihm, lachen über seine Ungeschicklichkeit, verfolgen atemlos seine Not, leiden mit ihm und atmen auf über eine kaum noch für möglich gehaltene Wendung, die ein strahlendes Licht auf sein zuvor angstvolles Gesicht zaubert – und damit auch auf unser eigenes. Befreit jubeln wir ihm zu und sind im Innersten beglückt und getröstet. Denn dass hier ein unwahrscheinlicher Zufall ein Licht aufblitzen lässt, scheint uns als Zeichen, dass das auch für uns in Zukunft jederzeit möglich sein wird: Selbst Aussichtsloses kann sich unvermutet zum Guten wandeln, Schweres leicht werden. Und wenn wir uns später selbst mit bizarren Situationen abmühen, hilft es uns vielleicht, ein wenig Abstand zu nehmen, das Clowneske daran zu sehen – und einfach mitzuspielen.

Mir jedenfalls hat das geholfen, als ich im vergangenen Jahr unvermutet zu einer Art Katzenclown wurde.

Davon will ich erzählen.

Wir leben am Stadtrand, steil am Hang, sozusagen im „Outback" zwischen Wald und Gärten, wo sich zwar nicht Fuchs und Has', aber Fuchs und Katz' gute Nacht sagen. Wobei die Füchse das kleinere Problem sind: Man legt ihnen hin, was man übrig hat, und am Morgen ist es verschwunden und der Fuchs desgleichen.

Ganz anders die herrenlosen Katzen, ausgesetzt, vor Misshandlung geflüchtet oder frei geboren: Sie schlagen sich irgendwie durch, werden vielleicht sommers von Gartenbesitzern wechselnd gehätschelt oder gejagt, und wenn es herbstet, sind sie nicht besser dran als die Füchse, nur vielleicht noch scheuer und verängstigter, weil sie keinem recht trauen – und doch eigentlich so etwas wie Heimat suchen.

Und so sieht man sie eines Tages heruntergekommen unten im Garten sitzen, den Blick fest auf Tür und Terrasse vor dem Haus gerichtet, und zugleich bereit, bei der geringsten drohend scheinenden Bewegung zu fliehen.

Zugegeben: Zuerst einmal bin ich tatsächlich froh, wenn sie wieder verschwinden, denn schließlich hatten wir nach vielen Hauskatzen- und Hundejahren beschlossen, kein Haustier mehr an uns zu binden (und umgekehrt) ... Denn es sind ja auch keine Nachbarn da, die mitsorgen würden, wenn man selbst einmal ein Wöchlein die Gegend verlassen möchte.

Doch es gibt hartnäckige Bettler, die immer öfter erscheinen, immer näher rücken, wenn sie merken, es passiert ihnen nichts, und so kamen wir im Laufe der Jahre doch wieder zu einer Katze als „Halbhaustier": Draußen gefüttert, tagsüber Familienanschluss. Aber abends wollen sie wieder ins Freie: Es gibt überall sichere, offene Gartenhäuser, Schuppen und andere Unterschlupfe, wo auch Schlafplätze eingerichtet sind.

So weit, so gut. Aber es kommt manchmal doch ganz anders: Bald hat auch schon die nächste und übernächste Katze das gastliche Terrain entdeckt. Es gibt Abenteuer mit scheuen großäugigen jungen Müttern, die erst allein erscheinen, aber bald wuselige Fellknäuelchen im Schlepptau haben. Wie groß auch das Entzücken – so kann es nicht weitergehen. Mit zeitraubender Kommunikationsarbeit, nerv- und seelenzehrendem Fallenstellen und komplizierten Transporten brachten wir die Katzen schließlich zu zuverlässigen Abnehmern – waren aber danach dann selber so weit, dass neu sich zeigende Kandidaten nur noch mit ungnädigen Blicken bedacht wurden.

Das bekam auch ein sich immer wieder weit unten im Garten zeigender älterer schwarz-weißer Kater mit schrägem schwarzen Fleck auf der Nase zu spüren. Zumal wir wussten, dass er auch von einer mitleidsvollen Dame im ca. 400 m entfernten Wohngebiet gefüttert wurde – man hat ja so seine Buschtrommeln.

Aber eines Tages meldeten die Buschtrommeln, dass die Katzenfreundin ausziehen müsse, weil die Erben das Haus verkauften. Es fand sich zwar schließlich eine Wohnung für sie, aber in einem anderen Stadtteil.

Und so saß das Katertier immer öfter bei uns unten im Garten und blickte auf zum Paradies. Doch wir beschlossen, hart zu bleiben, schlechten Gewissens und ab und zu halbherzig eine angefaulte Quitte in seine Richtung schmeißend. Immerhin wussten wir „drüben" noch einen kauzigen pensionierten Sportlehrer, der ab und zu bei uns aufkreuzte, uns den Anfang von Sophokles' Antigone flüssig auf Altgriechisch vortrug, um sich nachher mit dem Rad auf Katzenfüttertour zu begeben. Doch auch dieser Sportsmann zog weg in sein Ferienhaus im Allgäu. Der Kater aber blieb, und irgendwie sah er allmählich nicht mehr sonderlich gesund aus.

Seufzend begann ich also, ihm morgens auch ein Schüsselchen zu füllen und hinunter in den Garten zu tragen – doch er floh.

Zwar beobachteten wir, dass er irgendwann zurückkam – aber wenn er versuchte, etwas zu fressen, rannte er plötzlich wie von der Tarantel gestochen weg. Und die Schüssel im Gras wurde zum Schneckenfestmahl ...

Wie also weiter?

Zuerst einmal installierten wir unten an der Treppe am Rand eines Gebüschs auf einer Steinplatte eine feste und geschützte Katerkantine und servierten fortan morgens, wenn oben auch die anderen Tiere speisten, dort im Separee ein extra Katerfrühstück.

Tatsächlich pirschte sich der Fremdling auch vorsichtig an – aber wieder dasselbe Schauspiel: Fressversuch, Flucht, Wiedererscheinen, sichtlich hungrig – aber die Futterschüssel schien ein Feind zu sein.

Nun, wir wussten durch Beobachtungen vieler Jahre: Dieser schwarznasige Herr war nicht mehr ganz jung. Also naheliegend die Annahme: entzündete Zähne, wenn überhaupt noch vorhanden.

Und er hat Hunger, hat außer uns niemand mehr, also versuchen wir eben, was möglich ist.

Und damit begann der 1. Akt meines Lebens als Katzenclown.

Den Kater morgens unten wartend sehend, fing ich gleich nach dem Aufstehen an, mit dem Pürierstab für ihn eine kleine Portion zuzurichten und – sehr langsamen Schrittes – zu seinem privaten Fressplatz zu tragen.

Je näher ich kam, desto mehr wich er zurück, aber ich stellte unbeirrt mein Schüsselchen an vorgesehener Stelle ab, beschwörende „Komm, Komm"-Worte murmelnd, und zog mich wieder so sachte wie möglich zurück.

Tatsächlich wagte er – immer misstrauisch nach oben zu uns blickend – nach einiger Zeit eine Annäherung, schnüffelnd, ein paar Zünglein prüfend, und – welch ein Glück! – gierig schlabbernd.

Uns fiel ein Stein vom Herzen: So also könnte es weitergehen!

Also frühmorgens vor dem eigenen Frühstück erst die draußen lauernden „normalen" Katzentiere bedienen, Sonderportion pürieren, mit klopfendem Herzen und disziplinierter Gelassenheit die Stufen hinuntertragen. Als praktizierte Zen-Übung langsam abstellen, Fuß vor Fuß setzend sich langsam zurückziehen – es schien zu funktionieren, das Tier nahm Nahrung auf, Zahnschmerz hin oder her.

Doch mein Siegesgefühl währte nicht lange.

Eines Tages nämlich wurde die private Kantine ignoriert und der Kater saß auf der untersten Stufe der Steintreppe, die vom Garten zur Terrasse führt, wo die anderen Hergelaufenen ihre nächtlichen Katzenbetten hatten – auf den Stühlen am Gartentisch, fortan für uns als Sommerzimmer nicht mehr benutzbar – und direkt vor diesen ihr Frühstück bekamen.

Es war deutlich: Er strebte nach mehr Nähe und Zugehörigkeit.

Die Schwierigkeit jedoch: Die Kontaktscheu war übermächtig. Unten im Garten wollte er nicht mehr fressen, doch als ich versuchte, sein Frühstück nun wenigstens auf der zweituntersten Treppenstufe zu platzieren, ergriff er wieder die Flucht und mir verging das Strahlen.

Der 2. Akt meiner Clownsnummer begann wieder mit Verzagtheit: Wenn „Schwarznase" erschien, auf der untersten Stufe saß, versuchte ich, ihm die Schüssel nahezubringen. Doch selbst die gemessensten Annäherungen und lockend-beschwörenden Murmelungen halfen nicht: Sobald ich mich näherte, lief er weg. Fünf Minuten später war er wieder da, aber da die Schüssel auf der zweituntersten Stufe stand, saß er da, als würde er sie nicht sehen.

Ich will niemand mit meinen wochenlangen Lockversuchen, die manchmal tatsächlich und buchstäblich „stufenweise" gelangen, langweilen, auch nicht mit bildhaften Beschreibungen, wie ich allmählich dazu übergegangen war, mich nahezu kriechend auf allen vieren (bzw. dreien, denn mit einer Hand musste ich ja die Schüssel halten) seiner Majestät zu nähern, immer wieder scheiternd, weil sich mit der Zeit auch eine typisch katzische Wählerischkeit einstellte und ich immer neue Pürees erfinden musste. Ich kann nur sagen: Ich kam mir manchmal vor wie der personifizierte dumme August. Und wenn ich nicht gesehen hätte, wie dieses verwahrloste Tier allmählich Vertrauen fasste, immerhin etwas zu sich nahm trotz offensichtlicher Fressbehinderung – ich hätte eines Tages einen Schrei losgelassen und gebrüllt: „Dann mach doch, dass du fortkommst, ich will dich nicht mehr sehen!"

Aber obwohl wir beide, mein Mann und ich, mittlerweile mit den drei Katzen bisweilen stundenlang zu tun hatten, überwog doch die Freude, dass diese verlassenen Tierwesen bei uns Heimat fanden. Und es gab auch bei meiner Katertherapie immer wieder herzerfrischende Momente, wenn ich wieder einmal unerwarteterweise etwas gefunden hatte, wie ich ihn locken und nähren konnte. Und wie er allmählich, wenn auch weitab von den anderen, anfing, sich wie ein anständiger Kavalier zu putzen und zu pflegen. Es schien, als ob wir ihm sozusagen zu einem Licht in seiner Scheu geworden waren.

Und dies war wiederum für mich ein großer Trost und kleiner Lichtblick, denn zu eben dieser Zeit schrieb ich an einem Buch über den trostlosen Zustand unserer sogenannten „zivilisierten" Gesellschaft, in der Mensch, Tier, Erde, Natur gewaltsam ausgebeutet und missbraucht werden.

Ja, es wäre komfortabel gewesen, wenn die Katergeschichte langsam in immer harmonischerer Weise weitergegangen wäre.

Aber das tat sie nicht, und damit begann der 3. Akt meiner Rolle als Katzenclown.

Eines Tages nämlich ließ das schwarznasige Tier

sein Extra-Püree stehen und rückte noch näher: Eindeutig behagte ihm sein Außenseitertum nicht mehr – er wollte wie die anderen und mit den anderen speisen.

Wollte und wollte auch nicht – die geringste rasche Bewegung, mit der man die anderen bediente, genügte, ihn wieder nach unten zu vertreiben. Um kurz darauf wieder wie der Teufel aus der Schachtel den Kopf über der letzten Stufe hochzustrecken und heraufzukommen auf die Terrasse mit dem Gartentisch.

Seine pürierte Sondermahlzeit jedoch (inzwischen in kleineren Schüsselchen, die seine Neugier erweckten, serviert – einer meiner Tricks) ließ er stehen.

Was tun? Versuchen wir halt was Neues. Futter nicht mehr pürieren, sondern mit der Gabel fein zerdrücken, warten, bis die anderen gefressen haben, und dann die Sonder-Annäherungsnummer, jetzt eben auch in Haus- und Tischnähe.

Doch – o du lieber Augustin – so ein Tisch mit vier Beinen, umgeben von vier Klappstühlen mit je vier Beinen darunter bietet ungeahnte verzwickte Versteck-möglichkeiten.

Szenenbild: Kater sitzt erwartungsvoll drei Schritte vor der Glastür der Küche. Fütternwollende Clownin mit der Schüssel in der Hand öffnet dieselbe – und Kater verschwindet zwischen Tisch- und Stuhlbeinen. Fütterclownin gibt nicht auf, nähert sich langsam Schritt für Schritt, versucht herauszufinden, wohin genau im Tisch- und Stuhlbeingewirr sich das Tier zurückgezogen hat, geht in die Knie, kreucht vorsichtig unter den Tisch (unter stetem beschwörenden „Komm-Komm"-Gemurmel) und versucht, die Schüssel Zentimeter um Zentimeter der immer noch elend aussehenden Kreatur näher zu schieben. Hält den Atem an und – *fast* wäre es gelungen, doch im letzten Moment ändert das Teufelsvieh seine Position ein Stück nach rechts oder links, und die Yoga- (oder dummer August-) Nummer muss von vorn beginnen.

Frust. Erst einmal wieder rückwärts selber herauskommen, den nicht mehr ganz jungen Rücken strecken, Enttäuschung und Ärger wegstecken. Mein Mann schaut kopfschüttelnd zu und sagt: „Stell's ihm doch einfach hin", was ich nach dem vielleicht dritten Versuch auch tue, nachdem mir alle krummgemachten Gebeine wehtun.

Aber da bleibt's dann auch stehen, und der Kater verschwindet.

Und ich mache ein unglückliches Gesicht wie der traurige Clown, der's falsch gemacht hat, denn ich sehe ja, wie nötig das Futter wäre.

Schwache Hoffnung: Vielleicht habe ich am Nachmittag noch eine Chance.

Aber der Nachmittag geht hin und kein Kater lässt sich sehen – und mir ist den ganzen Tag das Gemüt verdunkelt.

Die Nacht schlafe ich schlecht, sinne auf mögliche Tricks, und am Morgen hole ich nicht nur anderes Futter aus dem Keller, sondern auch ein anderes Schälchen.

Gott sei Dank: Er ist immerhin da. Vorsichtig, vorsichtig nähere ich mich an – dasselbe Spiel: Versteck im Stuhl- und Tischbeingewirr.

Doch das neue Schälchen (und der Hunger von gestern) weckt Neugier. Immerhin lässt er mich sehr nah herankriechen, hält die Schwarznase über das Angebot – und nimmt ein, zwei, drei Zünglein!

Schon will ich mich triumphierend zurückziehen, da macht er plötzlich einen Satz und entfleucht, als hätte ihn das Schälchen gebissen!

Auf einen fast schon glücklichen Clown legt sich Betrübnis, beim Rückzug haut er sich den Kopf an der Tischplatte an und es ist ihm zum Heulen.

Doch das Tier ist nicht ganz verschwunden: An einer Ecke sitzt es noch und wartet. Ein Lichtstrahl! Und eine Inspiration: Wie wäre es, wenn ich es diesmal mit etwas Sahne versuchte?

Zurück zur Küche, den Glasdeckel eines alten Weckglases gefüllt, in artistischer Balance Futterschüssel und Sahne Richtung Katze bewegen, langsam, langsam – Gott sei Dank, er bleibt sitzen – näher und näher, in die Knie, beides vor der Gottheit niedersetzen – und das Wunder geschieht: Die Sahne wird angenommen, und daraufhin ist anscheinend auch das Hindernis überwunden, das feinzerdrückte Katzenfutter anzunehmen.

Langsam, aber jetzt strahlend, erhebe ich mich, ein leuchtender Blick wandert zu meinem Mann, der in der Tür steht und die Zirkusnummer (äußerlich stoisch, innerlich mitbangend) verfolgt hat.

Jetzt also schauen, wie weiter, frische Sahne, frisches Futter, diesmal an einem für mich besser erreichbaren Punkt abgestellt – es klappt. Die erste Mahlzeit in Hausnähe, mein Tag ist gerettet, und ich laufe auch ein drittes, ein viertes Mal, wieder und wieder, finde dabei heraus, dass die Akzeptanz auch davon abhängt, *wo* serviert wird, und schöpfe Hoffnung für den nächsten

Tag, während das Katertier gesättigt abzieht und sich den Rest des Tages nicht mehr blicken lässt.

Hier ist eine Warnung fällig: Stellen Sie sich bitte nicht vor, dass mit dem diesmal gelungenen Kunststück die Sache von nun an eine Art geregelten Gang hätte gehen können.

Mitnichten. Jeden Tag aufs Neue musste ich mir neue Tricks ersinnen, und auch die gymnastischen Übungen und Windungen zwischen Stuhl- und Tischbeinen blieben mir nicht erspart. Genauso wenig wie die Frustration, dass die Schwarznase kurz über die Futterschüssel gehalten und das Angebot für nicht genügend attraktiv befunden wurde. Aber ich fand allmählich heraus, dass diesfalls unter Umständen ein einfacher Schüssel- oder Ortswechsel Erfolg haben konnte, was mich dann auch bisweilen zu einem tricksterhaften Kichern brachte, wie es sich für einen Clown gehört.

Aber es gab Rückfälle, denn allmählich wurde klar, dass das alte Tier nun zwar mehr Vertrauen gefasst hatte, was vielleicht ein kleines Licht in sein Leben brachte, aber eben doch ernsthaft krank war, besonders enorme Beschwerden beim Fressen und Schlucken hatte. Trotz unserer Mühen wurde er sichtlich elender, und irgendwann kam ich an den Punkt, wo mir klar war: Er braucht einen Arzt.

Klingt ja ganz einfach – aber haben Sie schon einmal überlegt, wie man ein frei geborenes, scheues, wahrscheinlich traumatisiertes Tier, das keinerlei Berührung zulässt, zu einem Tierarzt bringen soll, ohne ein neues Trauma auszulösen?

Sicher, hier in der Stadt gibt es auch Tierdienste, die ins Haus kommen.

Aber da unsere Wildlinge sofort in der riesigen Gartenlandschaft verschwinden, sobald sich ein „Fremder" zeigt – wie sollen Arzt und Tier zusammenkommen?

Doch der Druck wuchs, und schließlich fragte ich bei einer Ärztin an, schilderte das Problem und wir tüftelten eine Strategie aus:

Wir (in diesem Fall mein Mann) würden versuchen, den Patienten zu greifen, im Badezimmer alles abzuräumen, sie anrufen, und in einer halben Stunde wäre sie da.

Fragen Sie bitte nicht nach unserem Angstschweiß und unseren Nerven, welche die Sache kostete, es war einfach furchtbar. Aber irgendwie gelang's, halb narkotisiert konnte das Katzentier untersucht werden, ein Tumor im Hals wurde festgestellt, Blut abgenommen, Cortison und Antibiotika gespritzt, das Tier wieder in Freiheit gesetzt.

Wie erwartet taumelte es sofort davon – war aber, oh Wunder, schon kurze Zeit später wieder da und fraß wie noch nie.

Können Sie sich glücklichere Clowns vorstellen?

Die gesalzene Rechnung des Tierdienstes, für den die Ärztin arbeitete, konnte dem neuen Licht im Dunkel nichts anhaben. Und merkwürdig: Es war, als ob diese für alle Beteiligten schwierige und für die Beziehung riskante Aktion die Bindung an uns, an das Haus, für das schwarznasige Tier verlässlicher gemacht hätte: Fortan musste ich nur sehr selten meine Clownsnummer unter dem Gartentisch einsetzen: Zwar hielt es sich noch immer abseits, bis die anderen Katzen weg waren, aber dann kam es zu seiner Schüssel, wo ich sie hinstellte.

Ich zögere nun, ob ich den nächsten Akt noch erzählen soll, denn er war der dunkelste. Es lässt sich denken, dass die Cortisonspritze nicht ewig wirkte: Irgendwann lief alles wieder auf eine sichtbare Verschlechterung hinaus, so dass wir angesichts des beträchtlichen Alters des sichtlich leidenden Tiers sogar mit der Ärztin darüber sprachen, ob man ihn nicht „erlösen" sollte.

Aber *einen* Versuch wollten wir noch machen.

Dummerweise lief es diesmal aber nicht so glatt wie beim ersten Mal: Die Ärztin wurde aufgehalten, so dass der Patient sage und schreibe vier Stunden im Badezimmer festsaß – für einen Wildling die reinste Marter.

Wir litten, die Katze litt, durchlebte vermutlich Höllenängste, und als sie schließlich verarztet war, verschwand sie spurlos – in üblem gesundheitlichen Zustand – und offenbar für immer ...

Es war furchtbar. Ständig sah ich sie vor meinem inneren Auge irgendwo zum Sterben verkrochen in einem der vielen Schuppen im Umkreis, denn es war Herbst, und Gartenbesitzer kamen nur noch selten herauf – wer also hätte sie finden, sich um sie kümmern, das scheue Tier aufpäppeln können?

Nach vier oder fünf Wochen resignierte ich allmählich bei dem traurigen Gedanken, dass es nun wohl längst ausgelitten hatte.

Und der Clown in mir war tot.

Und dann das Unfassbare, das Wunder: Eines Morgens saß das Katertier wieder vor der Tür – als sei nichts gewesen. Nein, viel besser, sogar halbwegs gepflegt und gerundet – und hatte Hunger, Hunger, Hunger!

Wir standen sprachlos vor dem Rätsel, aber öffneten sofort eine Büchse nach der anderen, auch die mit größeren Brocken – und er fraß *alles* und ohne alle Zicken!

Gut, man sah, das Fressen und Schlucken war immer noch mühsam, aber es ging. Der scheue Sonderling hatte hier Heimat gefunden.

Inzwischen liegt er wie die anderen nachts auf einem der „Katzensofas" auf den Gartenstühlen vorm Haus, oder ist unterwegs, etwas steifbeinig, aber durchaus lebendig. In diesem Frühjahr ging er sogar offensichtlich wieder auf Brautschau ...

Ich glaube, einen besonderen Schluss zum Thema „Licht in dunklen Zeiten" – für den Kater, für uns – kann ich mir sparen. Nur dies noch:

Da wir jederzeit einen neuerlichen Rückfall gewärtigen müssen, ließen wir uns von der Ärztin Cortison zum fertigen Gebrauch auf Spritzen ziehen, in der Hoffnung, dass es uns im Notfall gelingt, selber Tierarzt zu spielen.

Doch sonderbar: Es scheint zu gehen wie mit dem Schirm, den man vorsichtshalber mitnimmt, falls es regnen sollte – was dann wie eine Art Abwehrzauber wirkt: Wohlverwahrt und ungebraucht liegen die Spritzen im Kühlschrank, und wir hoffen inständig, dass sie uns wie ein magischer Lichtfänger vor neuen Finsternissen bewahren.

Robert Fulghum

Was ist der Sinn des Lebens?

„Irgendwelche Fragen?" Ein Angebot, das am Ende von Vorlesungen und langen Konferenzen steht. Es wird ausgesprochen, wenn die Zuhörer nicht nur mit Informationen übersättigt sind, sondern ohnehin nicht mehr viel Zeit ist. [...]

Aber wenn noch etwas Zeit ist und es ist auf die Aufforderung hin etwas still, pflege ich die wichtigste aller Fragen zu stellen: „Was ist der Sinn des Lebens?"

Man kann nie wissen, vielleicht kennt jemand die Antwort, und ich möchte sie mir wirklich ungern entgehen lassen, nur weil ich mich geniert habe zu fragen. Aber wenn ich frage, wird es meistens als absurd empfunden – die Leute lachen und nicken und packen ihre Sachen zusammen, und mit dieser lächerlichen Bemerkung wird die Versammlung geschlossen.

Einmal, nur ein einziges Mal, habe ich die Frage gestellt und eine ernste Antwort bekommen. Eine, von der ich heute noch zehre. [...]

Der Autor berichtet von der letzten Sitzung eines Seminars in Griechenland. Der Referent, Alexander Papaderos, stellte die übliche Abschlussfrage: „Irgendwelche Fragen?"

Stille hüllte den Raum ein. Diese zwei Wochen hatten genug Fragen für ein ganzes Leben aufgeworfen, aber vorerst herrschte nur Schweigen.

„Keine Fragen?" Papaderos ließ seinen Blick durch den Raum schweifen.

Also gut. Ich fragte.

„Dr. Papaderos, was ist der Sinn des Lebens?"

Es folgte das übliche Gelächter, und die Leute machten Anstalten zu gehen.

Papaderos brachte den Raum mit erhobener Hand zum Schweigen und sah mich lange an, seine Augen fragten mich, ob ich es ernst meinte, und meine bestätigten es ihm.

„Ich will Ihnen Ihre Frage beantworten."

Er nahm seine Brieftasche aus der Hüfttasche und angelte einen ganz kleinen runden Spiegel etwa von der Größe eines Vierteldollars aus einem Scheinfach.

Und sagte Folgendes: „Als ich ein kleines Kind war, während des Krieges, waren wir sehr arm, und wir lebten in einem abgelegenen Dorf. Eines Tages fand ich auf der Straße die Bruchstücke eines Spiegels. Ein deutsches Motorrad war an der Stelle verunglückt.

Ich versuchte, alle Stücke zu finden und zusammenzusetzen, aber das war nicht möglich, deshalb bewahrte ich nur das größte Stück auf. Dieses hier. Und indem ich damit an einem Stein kratzte, schliff ich es rund. Ich begann damit zu spielen und war fasziniert, dass ich Licht zu dunklen Stellen hinreflektieren konnte, wo die Sonne niemals hinschien – in tiefe Löcher und Spalten und in dunkle Schränke. Ich machte ein Spiel daraus, Licht an die unzugänglichsten Orte zu bringen, die ich finden konnte.

Ich behielt den kleinen Spiegel, und als ich heranwuchs, holte ich ihn in regelmäßigen Augenblicken hervor und stellte mich der Herausforderung des Spiels. Als ich ein Mann wurde, verstand ich allmählich, dass dies nicht einfach ein Kinderspiel war, sondern eine Metapher für das, was ich aus meinem Leben machen könnte. Ich begriff, dass ich nicht das Licht oder die Quelle des Lichtes war. Aber das Licht – die Wahrheit, die Erkenntnis, das Wissen – war da, und es würde nur dann auf viele dunkle Orte scheinen, wenn ich es reflektierte.

Ich bin ein Bruchstück eines Spiegels, dessen Form im Ganzen ich nicht kenne. Dennoch kann ich mit dem, was ich habe, Licht zu den dunklen Seiten dieser Welt bringen – zu den schwarzen Stellen in den Herzen der Menschen – und einiges in einigen Menschen verändern. Andere sehen und tun vielleicht dasselbe. Darum geht es mir. Das ist der Sinn des Lebens."

Und dann nahm er seinen kleinen Spiegel behutsam in die Hand, fing die hellen Strahlen des Tageslichts ein, die durchs Fenster strömten, und warf sie auf mein Gesicht und meine auf dem Pult gefalteten Hände.

Vieles, was ich in jenem Sommer über griechische Kultur und Geschichte erfuhr, habe ich vergessen. Aber in meiner geistigen Brieftasche trage ich noch immer einen kleinen runden Spiegel bei mir.

Irgendwelche Fragen?

B<small>RIGITTE</small> D<small>ORST</small>

Liebe ist eine Richtung des Herzens

Was ist Liebe?

„Liebe" – ein schwieriges Wort

Für viele Menschen ist das Wort „Liebe" heute so abgenutzt, dass sie nur noch von „Beziehung" sprechen können. Gewiss, jede Zeit verschleißt Begriffe, inflationiert Worte, so dass sie ihre Aura, ihren Wert und ihre Prägnanz verlieren. Aber hat das mit dem Wort „Liebe" Gemeinte und Bezeichnete je an Aktualität, an existentieller Bedeutsamkeit, an Leiderfahrung und Hoffnungspotential verloren? Schon ein Blick in Literatur, Romane, Fernsehfilme und Gedichte verweist auf das unerschöpfliche Thema „Liebe", auf Phantasien, Sehnsüchte, Erwartungen und Enttäuschungen.

Für unser Lebensglück, unsere Identität und unser Bedürfnis nach Zugehörigkeit ist die Liebe entscheidend. Dennoch soll sie keine Schicksalsmacht mehr sein, wird sie sexualisiert und banalisiert, wird sie als sehr private Erfahrung, die vor allem glücklich machen und genossen werden soll, alltäglicher, kleiner gemacht. Emotionalität, Liebe und Romantik scheinen erkaltet. Doch trotz aller Enttäuschungen und mit bleibender Hoffnung werden Liebe und Glück mit passenden Partnern in Internetportalen gesucht, werden Passung und Übereinstimmung mit einem anderen Menschen ersehnt. Liebe ist auch in unserer Zeit unverzichtbar, und das heimliche Dauerthema in Film und Fernsehen ist die Liebessehnsucht und das Leiden am Misslingen dauerhafter Liebesbeziehungen.

Die Liebe und der Archetyp des Paares

Das Menschheitsrätsel Liebe spielt immer wieder um das Paar, welches das Schicksal zueinandertreibt. Der Archetyp des Paares liegt zahlreichen Mythen, Erzählungen und Kunstwerken zugrunde, die als Selbst- und Weltdeutungen der Menschheit zu verstehen sind: Romeo und Julia, Tristan und Isolde, Lancelot und Guinevra, die berühmtesten Liebespaare mittelalterlicher Erzählungen, aber auch die Liebespaare im Film, z.B. Jack und Rose aus *Titanic*, zeigen etwas auf von der Unbedingtheit, der Verrücktheit und heiligen Verzauberung der Liebe.

Anima und Animus als die Archetypen des Weiblichen und des Männlichen und ihre Bezogenheit werden in ihren Projektionen auf eine „Traumfrau" oder einen „Traummann" konstelliert. In der Entwicklung und Reifung von der illusionären, romantischen Verliebtheit zu einer tragfähigen gelebten Liebesbeziehung geht es darum, diese Archetypen als eigene innerseelische Kräfte zu erkennen und zu entfalten. Anima und Animus können auch Vermittlungsfunktionen übernehmen und dabei helfen, sich selbst und den/die anderen besser zu erkennen.

Zu den schönsten und ältesten Quellen über Liebe zählt das Hohelied, das „Lied der Lieder", wie Martin Luther es nannte. In einer freien, erotisch-sexuellen Sprache wird hier die Sehnsucht nach dem anderen besungen und die Liebe als etwas Heiliges gepriesen; voller Entzücken wird die Schönheit des Geliebten und der Geliebten beschrieben. Die Liebe offenbart sich hier in den Wechselgesängen zweier Liebender. Diese Texte haben Bezüge zu älteren Kulturen, etwa zum Ritus der Heiligen Hochzeit im Ishtar-/Astarte-Kult in Babylon, und auch ins alte Ägypten. Es gibt Textstellen, die auf das 3. bis 4. Jahrtausend v. Chr. verweisen. Vor allem gehört das Hohelied zum Bestand der heiligen Schriften für Juden und Christen.

Die Macht der Liebe

Den Menschen der Frühzeit galt Liebe als numinose göttliche Macht, von der alles Leben abhing. Im matriarchalen Ritus der heiligen Hochzeit wurde die Liebe als Vereinigung und lebensspendende Kraft in der Verbindung der Liebesgöttin mit dem Heros, der Verbindung von Göttlichem und Menschlichem, Männlichem und Weiblichem viele Jahrtausende kultisch gefeiert. Anklänge sind noch im oben erwähnten Hohelied des Alten Testaments zu finden.

Die Macht der Liebe zwingt zu lieben, weil sie so unwiderstehlich, überwältigend, leidenschaftlich sein kann. Daher heißt es im Hohelied (8,6–7):

Stark wie der Tod ist die Liebe,
ihre Leidenschaft unwiderstehlich
wie die Gewalten der Tiefe.
Glühende Lohe ist ihr Feuer,
gewaltig ihre Flamme.
Wasserfluten löschen die Liebe nicht
und Ströme ertränken sie nicht.

In der antiken Weltdeutung ist Eros, der griechische Gott der Liebe, ein mächtiger Gott, ein großer Daimon, der alles Streben der Menschen nach dem Guten, Wahren und Schönen bewirkt. Seiner Liebesmacht waren Menschen und Götter gleichermaßen unterworfen, wenn er sie mit seinen Liebespfeilen traf. Als launisch und willkürlich galt er aber auch.

In der Minne, der höfischen Liebe im 12. Jahrhundert, die von den Troubadouren als eine besondere Form der Liebe, der Verehrung und des Liebesleids besungen wurde, läuterten und verfeinerten sich die Seelen der Liebenden. Ihre kulturellen Unterströmungen stammen besonders aus dem Gedanken- und Erfahrungsgut des Sufismus. Auch in der arabischen und persischen Literatur gibt es zahlreiche Liebesgeschichten. Die bekannteste, die seit Jahrhunderten tradiert und weitererzählt wird, ist die von Leila und Madschnun – ein Paar, das schicksalhaft nicht zusammenkommen kann, aber dennoch in Liebe fest verbunden ist.

Natürlich wissen wir: Liebe lässt sich nicht machen, sie lässt sich nicht befehlen und verbieten, sie lässt sich nicht herbeibeschwören und sichern, man kann sie nicht stehlen, nicht kaufen, sie kann einschlagen in unsere Gefühlswelt wie ein Blitz, von uns Besitz ergreifen, sie kann uns krank machen. Liebe ereignet sich, ist weder mit menschlichem Willen herbeizuzwingen noch verfügbar. Und: Die Liebe kann sich heimlich davonschleichen, eines Tages oder Nachts ist sie fort. Manchmal erlischt sie und stirbt sie, manchmal steht sie wieder auf, entflammt neu. Sie ist nicht begründbar, nicht widerlegbar, aber: Ohne Liebe ist alles nichts, ist alles nur „tönendes Erz" (1 Kor 13,1), wie Paulus sagt. Und vor allem: Man kann dem Leiden an der Liebe nicht entgehen, ohne Leben und Lebendigkeit zu verlieren.

Wenn es um Liebe geht, sind letztlich alle Liebes- und Beziehungsformen gemeint. Liebe hat zu tun mit Begehren, Leidenschaft, Zärtlichkeit, Sehnsucht, Schmerz und Glück, mit Sexualität und Daseinsfreude, mit Bestätigung und Sich-selbst-Finden im Du, mit Erfahrungen von Ganzheit, Einswerdung, Entgrenzung und Transzendenz. Liebe meint letztlich die wohlwollende, von Herzen kommende Zuwendung zu allem. Ein Mensch, der liebevoll ist, geht achtsam, liebevoll auch mit sich selbst um, strahlt Wärme aus, kann verständnisvoll auf die Unzulänglichkeiten seiner Mitmenschen reagieren, großzügig auf aggressive harte Urteile verzichten, vermag das Wunderbare, Liebenswürdige immer wieder zu entdecken – in den Menschen, in der Natur, in allem, was ihn umgibt. Liebe strahlt vom Innersten selbst aus, sie ist unsere entscheidende Ressource für Beziehung und Verbundenheit.

Die Unerklärbarkeit der Liebe

> Die Liebe kann man nicht erklären.
> Aber wer wären wir,
> wenn wir es nicht versuchten?
> PER OLOV ENQUIST[42]

Die Liebe wird in den zahllosen Versuchen, sie zu verstehen, in der Weltliteratur beschrieben „als eine Er-

fahrung, die uns überwältigt und unseren Willen über-
geht, als eine unwiderstehliche Macht, die sich unserer
Kontrolle entzieht"[43]. Unmöglich ist es, die Liebe zu
erklären oder gar zu begründen, wenn Amors Pfeil getroffen hat.

C. G. Jung bekennt in seiner Autobiographie *Erinnerungen, Träume, Gedanken*: „Meine ärztliche Erfahrung sowohl wie mein eigenes Leben haben mir unauf-
hörlich die Frage der Liebe vorgelegt, und ich vermochte
es nie, eine gültige Antwort darauf zu geben. [...] Es
geht hier um Größtes und Kleinstes, Fernstes und Na-
hestes, Höchstes und Tiefstes, und nie kann das eine
ohne das andere gesagt werden. Keine Sprache ist dieser
Paradoxie gewachsen. Was immer man sagen kann,
kein Wort drückt das Ganze aus. Von Teilaspekten zu
sprechen, ist immer zu viel oder zu wenig, wo doch nur
das Ganze sinngemäß ist."[44]

Liebe und Spiritualität

Sich selbst finden in der Liebe

Liebe ist eine Energie, sie leuchtet und strahlt durch den
Menschen hindurch. Wir kennen das, wenn wir verliebt
sind und anfangen zu strahlen oder wenn wir das
Leuchten im Gesicht eines verliebten Menschen sehen.
Die höchste Schwingungsfrequenz der Liebe haben
wohl mystische Einheitserfahrungen, in denen sich die
Seele mit dem Göttlichen verbindet. Die spirituellen
Dimensionen des Liebens sind jedoch von einer ganz
besonderen Scham besetzt: Über alles können heutige

Menschen miteinander reden, körperliche und sexuelle Empfindungen und Bedürfnisse sind nahezu ohne Tabu. Am schwierigsten ist es, für das innerste Angerührtsein, wo die menschliche Liebeserfahrung an die Ebene der Transzendenz heranreicht, Worte zu finden.

Liebe öffnet die alltägliche Welt auf eine tiefere Seinsebene hin. Sie erweitert die Grenzen der Wahrnehmung und des Erlebens und lässt die Verbundenheit der menschlichen Existenz mit allen Lebewesen erkennen. In der Erfahrung des Du bin ich zugleich mehr ich selbst als je zuvor, kann ich den anderen und die ganze Welt in das sich erweiterte Herz aufnehmen, ohne mich zu verlieren. Die spirituellen Haltungen Mitgefühl, Anteilnahme, Güte, Verbundenheit werden durch die Liebe geweckt und gefördert.

Liebe ist daher Teil einer „mystischen Spiritualität". Darunter versteht Jörg Zink ein Denken „an der Grenzscheide zwischen außen und innen und dann immer mehr innen als außen. Das Denken also wendet sich nach innen; wenn es innen ankommt, beginnt ein Prozess in dir, der dich wandelt. Und wenn es von dort aus wieder nach außen geht und sich den Aufgaben des Tages zuwendet, den Zeitfragen [...], dann wird es dort in dem Maße verändernd wirken, in dem du selbst verändert worden bist."[45]

Wenn wir uns auf den Weg der Liebe begeben, dann geschieht etwas: „Die Suche nach Liebe verändert uns. Unter denen, die die Liebe suchen, ist keiner, der nicht auf dem Weg zu ihr an Reife gewann. Sobald du die Liebe zu suchen beginnst, setzt deine innere und äußere Veränderung ein."[46]

Liebe und Sehnsucht

Es ist die Sehnsucht, die uns immer wieder Liebe suchen lässt und konkrete Wünsche und Bedürfnisse weit hinter sich lässt. So heißt es in einem Gedicht von Nelly Sachs:

> Alles beginnt mit der Sehnsucht,
> immer ist im Herzen Raum für mehr,
> für Schöneres, für Größeres.
> Das ist des Menschen Größe und Not:
> Sehnsucht nach Stille,
> nach Freundschaft und Liebe.
> Und wo Sehnsucht sich erfüllt,
> dort bricht sie noch stärker auf.[47]

Sehnsucht ist das, was uns hinzieht, uns antreibt, nach Liebe Freundschaft, Verbundenheit und Zugehörigkeit zu suchen. Sehnsucht ist die Unruhe, dass ein Mensch nach mehr verlangt, als er hat: „Immer ist im Herzen Raum für mehr, für Schöneres, für Größeres."[48] Auf dem Weg der Sehnsucht drängt es den Menschen über sich selbst hinaus, und wo Sehnsucht sich erfüllt, geschieht Verwandlung.

Diese spirituelle Sehnsucht lässt sich nicht verdinglichen in Form von Wünschen, die zu befriedigen sind. Sie ist Wegweiserin zu den tiefen Anfragen an das Leben. Die Seele meldet sich in dieser Sehnsucht, weil sie zu sich *selbst* kommen möchte. Sehnsucht dieser Art zielt ins Absolute. „Geh bis an deiner Sehnsucht Rand"[49] (Rilke), lautet der Ruf des Göttlichen an die Seele.

Spirituelle Sehnsucht ist rational nicht fassbar, es ist ein schmerzliches Sehnen und Verlangen, ein Begehren, das über Grenzen geht, eine transzendente Sehnsucht nach der Wirklichkeit hinter der Wirklichkeit. Für Ernesto Cardenal, einen mystischen Dichter unserer Zeit, ist es Sehnsucht nach Gott, die, oft unerkannt, in allen Menschen vorhanden ist.

Liebende finden in der Religion der Liebe etwas, das in dieser Welt und doch nicht von dieser Welt ist. Sie erfahren das Mysterium, dass auch Grenzen und Entfernungen nur eine andere Form von Gegenwärtigkeit sein können. Es ist die Erfahrung, dass die Nähe, die Einheit mit dem Geliebten, den Liebenden erst zu einem vollständigen Menschen macht, ihn mit seinem innersten Selbst in Verbindung bringt.

Liebende transzendieren die Grenzen von Raum und Zeit, auch wenn sie getrennt sind. In der oben schon erwähnten Geschichte von Leila und Madschnun heißt es:

Eine Liebe, die nicht immerwährende Liebe ist, bleibt der Sinnenlust Spielzeug und vergeht wie die Jugend. Was vergeht, ist die Zeit, nicht aber Liebe. Mag sonst alles nur Tand und Gaukelei und Einbildung sein: sie ist es nicht. Denn das Kohlenbecken, auf dem sie brennt, ist die Ewigkeit selbst, die weder Anfang noch Ende hat.[50]

Gottesliebe, Erkenntnis und Mystik

Ernesto Cardenal ist die lateinamerikanische Stimme der mystischen Liebe und Transzendenz. Für ihn ist alles in der Welt und das ganze Universum eine Manifestation der Liebe Gottes. So schreibt er: „Die Liebe Gottes umgibt uns von allen Seiten. Seine Liebe ist das Wasser, das wir trinken, die Luft, die wir atmen, und das Licht, das wir schauen. Alle natürlichen Phänomene sind nichts anderes als verschiedene materielle Formen der Liebe Gottes. [...] Die Natur ist die fühlbare, die materialisierte Liebe Gottes."[51] Auch wir sind eine Manifestation dieser Liebe: „Gott ist, dass wir lieben können"[52], formuliert Dorothee Sölle, die bekannte Theologin und Mystikerin unserer Zeit. Die Liebe ist Gott, und Menschen verwirklichen das Göttliche, wenn sie lieben.

Für Mystikerinnen und Mystiker ist die Beziehung zum Göttlichen die entscheidende Liebesbeziehung ihres Lebens. Aber sie geraten dann in Schwierigkeiten, wenn sie versuchen, ihre tiefsten Erfahrungen auszudrücken. Diese Liebe zu Gott ist eine radikale Richtungsänderung des Lebens.

Erich Fromm untersucht in seinem Werk *Die Kunst des Liebens* die verschiedenen Formen der Liebe, u.a. Nächstenliebe, Mutterliebe, erotische Liebe, Selbstliebe und auch Gottesliebe. Über Letztere schreibt er: „In dem vorherrschenden westlichen Religionssystem ist die Liebe zu Gott im wesentlichen dasselbe wie der Glaube an Gott, an Gottes Existenz, an Gottes Gerechtigkeit und an Gottes Liebe. Die Liebe zu Gott ist im wesentlichen ein gedankliches Erlebnis. In den östlichen Religionen und in der westlichen Mystik ist die Liebe zu Gott ein intensives Gefühlserlebnis der Einheit und der Liebe, untrennbar verbunden mit dem

Ausdruck dieser Liebe in jedem Akt des Lebens."[53] Für Fromm ist wichtig, dass die reife Liebe, auch die reife Gottesliebe, die infantilen Formen der Bindung an eine beschützende Muttergöttin oder einen strafenden und belohnenden Vatergott überwunden hat, er meint auch, dass bei vielen Menschen die Art ihrer Gottesbeziehung unbewusst sei.

Eine Einheitserfahrung der Unio mystica wird vor allem durch eigene Bilder und Vorstellungen des Ich erschwert und behindert. Sie bewirken Trennung, sind Vorstellungsbilder, Schleier. Der Sufi-Mystiker Hafis sagt:

Zwischen den Liebenden und dem Geliebten
darf kein Schleier sein.
Du selbst bist dieser Schleier, Hafis.
Hebe dich hinweg.[54]

Der erste Schritt hin zum Göttlichen – und immer wieder erneut der erste Schritt – ist, damit aufzuhören sich vorzustellen, von Gott entfernt zu sein, sich vom Göttlichen zu isolieren. Es geht darum, das Trennende immer wieder aufzulösen. Das „Lösungsmittel" ist die Meditation. Sehnsucht und Liebe, die in der Meditation immer wieder geweckt werden, können langsam, aber beständig die Schleier und Gedankenkonstrukte, die die Erfahrung der Einheit behindern, auflösen, bis „SELBST" und „selbst" zusammenkommen; Sehnsucht und Liebe können zu tieferer Erkenntnis führen. Erich Fromm beschreibt das Erkennen der Liebe so: „Es ist das Wissen, daß wir das Geheimnis des Menschen und das des Universums niemals intellektuell begreifen werden, daß wir es jedoch trotzdem im Akt der Liebe erfassen können."[55] Dieses Erfassen der Liebe ist jedoch nicht eine Zunahme an Erkenntnis und Wissen, sondern eine *andere Form* des Erkennens und Verstehens, ein Innewerden und darin selbst Verwandeltwerden.

Manche, die begeistert die Texte von Rumi und anderen Mystikern als eine Seelennahrung lesen, fragen sich gleichwohl, ob mystische Erfahrungen der Gottesliebe auch in unserer Zeit möglich sind. Dorothee Sölle ermutigt heutige Menschen dazu, „die mystische Empfindlichkeit, die in uns allen steckt, wieder zuzulassen, sie auszugraben aus dem Schutt der Trivialität"[56]. Und an anderer Stelle sagt sie: „Das Leben selber ist von dieser Qualität, die wir Gott nennen, so durchdrungen, dass wir gar nicht umhinkönnen, von ihr zu zehren und nach ihr zu hungern. Nur wissen wir das oft nicht, weil wir sprachunfähig gemacht worden sind. Wir wagen nicht, das, was in der Tat Gotteserfahrung genannt zu werden verdiente, mit Gott in Beziehung zu setzen."[57] Ist es also auch uns heutigen Menschen möglich, so zu lieben? Sölle meint dazu: „Vielleicht trennt uns nichts so sehr von der Liebe wie der anthropologische Pessimismus, der der Liebe nichts zutraut, weil er nicht weiß, dass sie ‚das von Gott in uns' artikuliert."[58]

Lieben lernen

Wo du auch bist
und wie immer es dir ergeht,
strebe stets danach,
ein Liebender zu sein.

RUMI[59]

Zur Liebe gehört auch der Schmerz und das Leiden. Zu den Schattenseiten der Liebe, die in den Alltagserfahrungen ebenso wie in den Liebesdramen der Weltliteratur sichtbar werden, zählen: Besitzanspruch, Eifersucht, Betrug und Rache, das Umschlagen von Liebe in Hass oder Gleichgültigkeit, Macht und Unterwerfung, Abhängigkeit, blinde Leidenschaft und Triebhaftigkeit, der Missbrauch von Liebe. In ihrem Buch *Warum Liebe weh tut*[60] sucht die Soziologin Eva Illous nach Gründen für die Liebesschwierigkeiten und das Liebesleid heutiger Menschen. Bindungsängste, Enttäuschungen, Angst vor Verletzungen und Ambivalenzen erschweren es heutigen Menschen, sich auf ihr Potential zu lieben einzulassen. Ein wesentlicher Teil der psychotherapeutischen Arbeit gilt der Liebesfähigkeit eines Menschen, da, wo die Selbstliebe und die Beziehungen zu anderen gestört sind. Liebesfähigkeit hatte schon Sigmund Freud als ein zentrales Therapieziel benannt.

Was kann uns dabei helfen, lieben zu lernen, das Herz offener, weiter zu machen, liebevollere Menschen zu werden? Die Dichterin Ricarda Huch hat einmal gesagt: „Liebe ist das einzige, das wächst, indem wir es verschwenden." Es geht also darum, so viel Liebe zu schenken, wie wir können. Das Schenken in jeder Form ist eine wichtige Übung der Herzenserweiterung. Was das Herz immer wieder eng macht, ist die Angst, nichts zurückzubekommen, nicht wiedergeliebt zu werden, missverstanden zu werden, und sich abhängig davon zu machen, ob wir von anderen richtig gesehen und beurteilt werden. Lieben lernen heißt, mit liebevoller Zuwendung und Achtsamkeit freigiebig zu sein.

Großherziger zu werden bedeutet, nicht zu überlegen, ob der andere auch liebenswert ist, meine Liebe überhaupt verdient. Einfach lieben. „Die Ros ist ohn Warum; sie blühet, weil sie blühet"[61] (Angelus Silesius). Dies ist deshalb auch schwierig, weil wir uns selbst oft so wenig liebenswert finden. Wir suchen daher in der Liebe oft jemanden, der oder die uns bestätigt, dass wir trotz unserer Fehler und Schwächen liebenswert sind. Lieben lernen heißt auch, aus der Engstirnigkeit des ständigen Be- und Verurteilens bei uns selbst und anderen herauszufinden, in die Weite des Herzens. Jeder spirituelle Weg muss letzten Endes ein Weg zur Herzenserweiterung sein.

Lieben lernen bedeutet auch, sehr genau wahrnehmen zu können, wie die Schleier von Ärger, Ablehnung, Antipathie immer wieder das Herz zudecken. Auch wenn wir uns auf diesem Weg bemühen, lieben zu lernen, gibt es dennoch Situationen, wo wir uns feindselig, ärgerlich, wütend und defensiv verschließen und selbst spüren, dass wir innerlich fest, hart, verschlossen sind. Dann heißt es vor allem, Geduld mit sich selbst zu haben, Herzenshärte und Herzensverengung bei sich selbst zu erkennen.

Es gilt, gegen den Widerwillen, die Ablehnung, den Ärger, den Hass und auch gegen die Gleichgültigkeit Mitgefühl und Güte zu setzen, in sich selbst den inneren Raum immer wieder freizumachen, der Liebe in uns die Chance auf Antwort zu geben. In jeder Situation ist ein Ruf, der nach dem Echo einer liebevollen Antwort verlangt. Liebevoll zu sein, lernen wir, indem wir darauf Acht haben, wie lieblos wir oft sind.

Am Ende zählt, wie weit wir im Erlernen der Kunst des Liebens in unserem Leben gekommen sind, wie weit wir menschliche Menschen geworden sind, in dem Bewusstsein, dass fast alles der liebevollen Zuwendung und der Güte bedarf.

Anregungen zur Selbsterfahrung

1. Was hat dich das Leben gelehrt über „Liebe"?
   Welche Lektionen hat es dir hier bis jetzt gegeben?
2. Welche Formen der Liebe hast du in deinem Leben kennenlernen können, welche nicht?
   Wonach suchst du noch immer?
3. Was ist dein liebstes Liebeslied/Liebesgedicht?
4. Welche/-r Liebende hat dich besonders beeindruckt (als reale Person, als Gestalt aus der Literatur, in einem Film)?
5. Was waren die wichtigsten Liebesgeschichten in deinem Leben?
   Waren es glückliche oder unglückliche?
   Gab es darin für dich Momente von Transzendenz?
6. Was kannst du in einer liebevollen Beziehung selbst gut geben? Was fällt dir schwer?
7. Was erwartest du und brauchst du selbst besonders in einer liebevollen Beziehung?

8. Was sind für dich Warnzeichen, dass eine Beziehung in eine Krise gerät?
9. Was waren besonders verletzende und schmerzhafte Erfahrungen mit der Liebe in deinem Leben?
10. Was waren/sind tief beglückende Liebeserfahrungen?
11. Von wem hast du am meisten gelernt in der „Kunst des Liebens" (Erich Fromm)?
12. Wer oder was kann dein Herz in Brand setzen?
13. Was könnte deine gegenwärtige Lektion sein in der Schule der Liebe?

Was also ist die Aufgabe der Menschen auf den spirituellen Pfaden von heute? Ein liebevoller Mensch zu werden, liebevolle, mitfühlende Kräfte am jeweils eigenen Lebensort in die Welt zu senden.

Christiane Singer

Im Zugehen auf den Tod:
alles ist Leben

Die kommenden Tage werden mir sicher die medizinischen Ursachen meiner elenden Verfassung offenbaren. Nur zu! Denn es ist eine gewisse Erleichterung, wenn man zumindest in begrenztem Umfang weiß, woran man ist.

„Sie haben höchstens noch sechs Monate vor sich", sagt der junge Arzt zu mir. Oder richtet er diese Worte an die fast einen Quadratmeter große Aufnahme, die er in der Hand hält? Kaum ist dieser Satz ausgesprochen, ist aller Nebel verflogen. Ein Klima, das mir behagt. Ich will nicht in Selbstmitleid verfallen, ich bin so reich beschenkt worden. Mein Leben ist bis zum Kelchrand erfüllt.

Höchstens noch sechs Monate!

Die physischen Schmerzen. Ihre Abgründe, unmöglich, sie sich vorzustellen. Unmöglich. Kein Mitgefühl, so stark es auch sein mag, kann sie ermessen, das muss man zugeben!

Ich bin besiegt worden bis auf die Knochen.

Ich muss niemandem etwas beweisen, und doch gehe ich unversehrt und voller Licht daraus hervor: In keinem dieser Momente des Salto mortale, des freien Falls, dieser schwindelerregenden Abstürze habe ich den Faden des Staunens losgelassen. Ja, ich habe den Faden des Staunens nicht losgelassen.

Das Entscheidende wird für mich nicht gewesen sein, dass ich partout gesund werde, sondern dass ich den jähen Blitz dieser Lebenserfahrung durchlebe, dass ich mich vom Feuer dieses Blitzes vollkommen ausbrennen lasse, dass ich vielleicht ein Saumstück des furchtbaren Mysteriums der physischen Schmerzen zu fassen bekomme und sehe, ob man aus alledem lebend herauskommen kann.

Meine Erfahrung ist, dass man es kann und dass ich mich, egal, ob geheilt oder nicht geheilt, im Pulsschlag des Lebens befinde. Dieser Pulsschlag ist so stark, dass ich ihn beim Schreiben in meinen Fingern spüre: Ich habe gesehen, was ich sehen wollte, und bin zufrieden.

Das ist alles.

Ich habe den Ort, an dem ich mich befinde, zur hohen Stätte der Erprobung und Erfahrung des Lebens gemacht.

Das ist eine Entscheidung, an der man nicht mehr rüttelt, indem man etwa sagt: Dieses Stück nehme ich, jenes nehme ich nicht!

Die wirklich Lebenden sind ohne Alter. Nur die lebenden Toten zählen die Jahre und zerbrechen sich fieberhaft den Kopf darüber, wann wohl ihre Nachbarn geboren sind. Und diejenigen, die in der Krankheit ein Scheitern oder eine Katastrophe sehen, haben noch nicht zu leben begonnen. Denn das Leben beginnt dort, wo alle Kategorien zerfallen.

Ich habe den Ort erreicht, an dem nicht mehr mein Leben, sondern DAS Leben den Vorrang hat. Er ist ein Raum von unermesslicher Freiheit.

Wen die Götter lieben, dem geben sie alles.
Eine so schöne wie schreckliche Lebensweisheit.

Ich schreibe an Germaine, die mich für unverwundbar hielt: „Gott sei Dank habe ich nicht gewusst, dass Du mich für unverwundbar gehalten hast, ich hätte mich sonst verpflichtet gefühlt, dem zu entsprechen! Welch ein Zwang! Aber welch eine Freiheit, wenn die Vorstellungen, die man sich macht, in tausend Stücke zerspringen! Werden wir dann einander nicht unweigerlich in die Arme getrieben?"

Man kann natürlich krank, sogar grausam krank sein. um sein Unglück bestätigt und alle Gründe zu finden, sich zu beklagen. Viele erleben die Krankheit wie eine schmerzhafte, ungesunde Unterbrechung. Aber man kann auch in der Krankheit aufsteigen wie zu einem Weg der Initiation, auf der Lauer nach Rissen, die die Krankheit in die Mauern reißt, von denen wir umgeben sind, nach Breschen, die sie zum Unendlichen öffnet. Und dann wird sie zu einem der höchsten Abenteuer des Lebens.

Selbst wenn mir jemand meine Position streitig machen wollte, würde ich sie für nichts auf der Welt aufgeben. Von hier aus sehe ich nämlich weiter in das Leben und in den Tod hinein, als ich es je zuvor vermochte. Die Aussicht ist unschlagbar und schwindelerregend. So habe ich vorhin, als ich erfuhr, dass Titi, eine Freundin von Dorian, einen Johannes zur Welt gebracht hat, so geweint, wie man vielleicht für seine eigene Tochter weint. Ich mache keinen Unterschied mehr, oder, besser gesagt, mein Körper macht keinen Unterschied mehr zwischen „mein" und „dein".

Die Mauern wanken
Alle Dämme brechen
Die Liebe dringt in alles ein.

Ich weiß natürlich, dass sich, wenn ich noch weiterleben sollte, diese Durchlässigkeit wieder schließen wird, aber wenn man sie einmal erlebt hat, macht dies das Leben für alle Zeiten zu etwas Heiligem.

Ich habe den Beweis, dass alles ausschließlich Liebe ist. Alles, was ich bisher nur ganz am Rande wusste, ist heute ein Wissen, in das ich allmählich vollkommen eintauche.

Beständig fließt eine verborgene Kraft. Folge ihr. Es gibt nichts mehr, was nicht das Wesentliche wäre.

Ingrid Riedel

Engel der Wandlung von Paul Klee

Beim ersten Anblick einiger Engel von Paul Klee musste ich lächeln über so viel Humor und Skurrilität – und dies bei einem Thema, das meist mit heiligem Ernst und eher noch mit etwas kitschig-schwärmerischem Einschlag behandelt wird als ausgerechnet mit einer leisen ironischen Heiterkeit.

Bei näherem Hinsehen und beim Betrachten anderer seiner Engelgestalten hatte ich plötzlich einen veränderten Eindruck, der sich bei immer zahlreicheren seiner Engel verdichtete. Dieser Humor seiner Darstellungen überlagert einen recht ernsten Hintergrund, ist Zweifeln oder gar Verzweiflung über die mögliche Erfahrung eines inneren Engelwesens abgerungen. Denn alle oder fast alle dieser Engel von Klee sind keine fertigen Engel, sondern sie sind im Wandel, kämpfen um ihre Engelwerdung.

Was sind das überhaupt für Engel? *Angeli*, also Boten, sind es sicher. Aber „von drüben", wie es die Tradition des Engelglaubens meint? Oder zuerst einmal Boten von innen her, sind sie innere Engel im Menschen selbst? Oder können sie bei Klee beides sein?

Klees Engel sind Wesen, die mitten in ihrer Entwicklung stehen. Es gibt auch Engel, die unter der „Würde des Amtes" – so der Titel eines Engelbilds – seufzen, die unter der Last ihrer sprießenden Engelflügel schier zusammenbrechen und auch an körperlichen

Schmerzen zu leiden scheinen. Und doch, auch über diesen eher tragischen Gestalten schwebt fast immer ein leises, gelassenes Lächeln, das mit der Situation versöhnt und ein wenig über sie hinaushebt. Es ist diese innere Freiheit, auf die es Klee ankommt.

Klees Engel sind nicht schön im landläufigen Sinne, einer von ihnen heißt sogar ausdrücklich „Engel, noch hässlich" oder einfach „hässlicher Engel". So mögen manche dieser Engelgestalten merkwürdig anmuten, grotesk, manchmal eher abstoßend als anziehend. Dass Engel göttliche Schönheit ausstrahlen könnten, ist sein Thema nicht. Dabei haben auch Klees Engel ihre eigenartige Anmut und Schönheit, wenn man seine tanzenden Linien und Figurationen unvoreingenommen auf sich wirken lässt. Sie haben eine Stimmigkeit in Proportion und Linienführung, die einen zum Erstaunen oder auch zum Lächeln bringt. Es ist die Leichtigkeit eines Linientanzes, der tiefe Leiderfahrungen enthält und sie zugleich übersteigt und transzendiert.

Jetzt sind wir nahe bei Klees Engelerfahrung. Vor welchem Hintergrund widerfuhr sie ihm?

Die Werkgruppe der Engel antwortet vor allem auf die existentiellen Fragen, die die tiefen Heimsuchungen und Herausforderungen in Klees Leben zu dieser Zeit an ihn stellten. Nachdem Hitler im Januar 1933 die Macht ergriffen hatte, wurde bereits im März gleichen Jahres Klees Haus durchsucht, seine Korrespondenz vorübergehend beschlagnahmt und er selbst im April desselben Jahres aus seinem Amt an der Düsseldorfer Kunstakademie fristlos entlassen. Klee hatte daraufhin im Dezember 1933 Deutschland verlassen und war nach Bern zurückgekehrt. In der dortigen Kunsthalle wurde dann zwei Jahre später, im Jahr 1935, eine Ausstellung von 273 Werken aus seinen eigenen Beständen ausgerichtet, was ihn in seinem Schaffen neu beflügelte und die Fertigstellung einiger Tafelbilder ermöglichte, zu denen bereits farbige Vorstudien vorgelegen hatten, doch brach im gleichen Jahr eine verhängnisvolle Krankheit aus, die als Sklerodermie diagnostiziert wurde und die Schritt für Schritt mit einer Verhärtung seiner Haut und der Lähmung seines ganzen Körpers auch die Beweglichkeit seiner Hände einschränkte, was seinem Stil, wenn auch keineswegs seinen künstlerischen Einfällen in der Folge anzumerken ist. Nur fünf Jahre später starb er an dieser Krankheit.

Klee wusste seit dem Jahr 1937, dass eine lebensgefährliche Krankheit an ihm zehrte, und geriet damit in eine existentielle Übergangserfahrung, in ein Zwischenreich zwischen Leben und Tod. Dort rief ihn sein tiefstes Selbst, wie es jeden Menschen rufen kann, über alles Bisherige, über sein kleineres bewusstes Ich hinauszugehen, ganz er selbst zu werden. Von da an sucht er das Symbol für eine Transzendierung seines Ich zu gewinnen und findet es im Engel. Unser tieferes wahres Selbst, wie C. G. Jung es sieht, kann uns Menschen so gegenüberstehen wie ein Du und uns wie ein Engel gegenübertreten.

Das potentielle Selbst wirkt ein Leben lang in einem jeden Menschen – so wie man früher allgemein glaubte, dass ein Schutzengel oder eine Schutzgenie uns durchs Leben begleitet – und ruft uns, mit diesem Weggeleit in Beziehung zu treten, uns immer mehr auf das hin zu entwickeln, was durch unser innerstes Wesen in uns angelegt ist. Alter Volksglaube meinte zu wissen, dass wir uns im Tode schließlich mit unserem Engel vereinen. Noch der Maler Chagall schreibt ein Gebet in diesem Sinne nieder: „Lass mich dein Engel werden – schwach wie ich bin."

So weit ist dieser Volksglaube nicht entfernt von der tiefenpsychologischen Vorstellung, dass sich der Mensch im Laufe seines Lebens stufenweise oder auch auf labyrinthischem Wege auf das innerste Selbst, das in ihm angelegt ist, zubewege.

In diese Richtung weist auch der Traum des alten C. G. Jung, er sähe einen Yogi, der sein, Jungs, eigenes Gesicht trägt, in einer Kapelle sitzen und ihn, Jung, meditieren. Jung erschrickt bei dem Gedanken, dass dieser Yogi sein Selbst sei, das ihn meditiere, ihn entwerfe bis er, der sterbliche Mensch, Carl Gustav Jung, nicht mehr sei.

Wenn das Selbst, der Engel in ihm, erwacht, so bedeutet dies, dass sein kleineres Ich nicht mehr ist. Ob es einen mystischen Tod stirbt oder einen physischen, das ändert an dieser gleichnishaften Vorstellung nichts, der Klee, bei aller Modernität seiner Darstellung, innerlich nahegestanden haben mag. Es ginge dann also auch bei ihm in diesem Zwischenzustand zwischen Leben und Tod um die Wahrnehmung des „Engels in ihm", der ihn dazu drängt, sich seinem Selbst, dem Kern seiner Person, möglichst dicht anzunähern.

Anfangs geht es mehr um die Brückenfunktion des Engels – im Sinne der „transzendenten", der symbolbildenden Funktion der Psyche bei Jung –, nämlich, die vorerst unüberbrückbaren Gegensätze von Leben und Tod, von Schaffensfreude und Loslassen, von weltweiter Anerkennung und Diffamierung seiner Kunst in Deutschland zu überbrücken, zu transzendieren auf ein neues Symbol, der „geflügelten Gelassenheit", hin, wie ich das Engelsymbol hier einmal nennen möchte. Doch letztendlich geht es um die Verwandlung der ganzen Person Paul Klees in den inneren Engel, um seine eigene „Engelwerdung". Diese Transformation zum Engel in ihren verschiedenen Stadien und Zuständen – von einem noch „vergesslichen Engel" bis hin zu einem „Engel voller hoffnung", wie er diese Engel poetisch benennt –, dies beschreiben seine Engelzeichnungen. Der Engel in ihm entwickelt sich, erleidet Rückschläge, schreitet nach vorne aus, bis hin zu dem hoffnungsvoll komischen Bild „letzter Erdenschritt".

Es sind dabei nicht einfach Übergangsstadien des Menschen und Malers Paul Klee in diesem Zwischenreich zwischen Leben und Tod beschrieben, sondern transzendierende Kräfte – eben Engel –, die ihn anrühren und, bei der dynamischen Strichführung in ihrer jeweiligen Intention wahrnehmbar, ihn zur Transformation treiben. Mit Verwunderung, Verlegenheit, mit Staunen und zuweilen auch mit Verzweiflung nimmt er diesen Verwandlungsprozess an sich selber und in sich selber wahr.

So sehen wir also in Klees Engelbildern Stadien und Konfigurationen seiner eigenen „Engelwerdung" oder auch Selbstwerdung unter dem Andringen transzendenter Kräfte und Mächte, wie sie auf der Schwelle zwischen Leben und Tod für jeden Menschen spürbar werden können, aber auch schon auf der Schwelle all der kleineren Tode und Auferstehungen mitten im Leben, in denen das kleinere Ich zurückweicht, um dem größeren Selbst Platz zu machen.

Engel voller Hoffnung

Dieser „Engel voller Hoffnung" (Bild 1, S. 125) hat die Augen weit geöffnet. Mit dem einen Auge blickt er den Betrachter an, mit dem anderen schaut er zuversichtlich nach vorn, nach rechts, in die Richtung der Zukunft. Der ganze Kopf, das Gesicht mit dem ruhigen, offenen Ausdruck ist erhoben, als blicke es jemandem vertrauensvoll entgegen. Fast lächelt der sanft geschwungene Mund. Die kühne Bogenlinie, die eine hohe Braue und dann die Nase andeutet, gerät in die Waagerechte: Diese Waagerechte deutet bei Klees Gesichtern oft an, dass sie im Gleichgewicht, in Ruhe oder ganz an etwas hingegeben sind. Der Kopf stellt fast eine vollkommene Rundung dar – ein rundes Ganzes also, das nur durch die weite Ausbuchtung, die das Haar, wohl in den Nacken hängend, bildet, nach unten ausgeweitet wird. So ist ein gewisses Gewicht, das das erhobene Gesicht zu überwinden hatte, ehe es sich erheben konnte, noch angedeutet und bleibt spürbar.

Dieses Gesicht nun – der Engel ist nur bis zum Flügelansatz an den Schultern dargestellt – ist rechts und links wie eingefasst, wie eingebettet zwischen zwei schmalen Flügeln, deren einer die Knie des Engels berührt. Doch könnten diese Flügel – von ihrer Propor-

Bild 1: Engel voller Hoffnung

tion her zu schließen – die Gestalt, zu der dieser Kopf gehört, nicht tragen, sie sind jedoch wie feine Finger, Fingerzeige, Senkrechte jedenfalls, die nach oben weisen. Schmal sind sie noch, lanzettförmig: Doch sie flankieren dieses hoffnungsvolle Gesicht wie zwei Wächter, wie zwei Lanzen. Denn sie besagen, dass die Hoffnung auf die Engelwerdung nicht trügen wird, selbst wenn sich die Hoffnung auf manches menschliche Nahziel noch einmal zerschlüge.

Kennen auch wir ihn, diesen „Engel voller Hoffnung"? Er ist in uns wirksam, wenn wir auch in solchen Lagen, in denen Hoffnung schwerfällt, den Kopf erheben und Zutrauen in eine Zukunft fassen, wobei das eine Auge wohl auf das Schwere hinuntergerichtet bleiben mag, das zweite aber doch nach vorne oder in uns hinein, wo, auch wenn kurzfristige und kurzatmige Erwartungen sich nicht erfüllen mögen, vielleicht doch immer deutlicher der Anschluss an unser größeres Selbst erfolgt – ein anderes Bild für den Engel in uns –, auch wenn sich unserem kleineren Ich manches versagt.

Engel vom Stern

Bei diesem Bild (Bild 2, S. 127) wurde eine Kohlevorzeichnung und Kleisterfarblavierung auf Japanpapier aufgetragen und sodann, wie alle die Zeichnungen von 1939, auf Unterlagekarton aufgelegt. Durch die genässte Zeichnung hat sich das vergilbte Blatt gefältelt und ähnelt nun dem Pergament einer mittelalterlichen Handschrift.

Bild 2: Engel vom Stern

Der „Engel vom Stern" zeigt eine Geste der Hingabe, den zur Seite gelegten Kopf, der vom Kinn bis zur Ohrpartie hin offen ist. Ob er besonders für das Licht des Sterns, für den Ton des Sterns geöffnet ist? Auch wenn das Ohr nicht eingezeichnet ist, stellt sich hier eine typische Hörgebärde dar. Die Augen blicken auch hier nach innen, doch scheint das rechte, das obere Auge einen Blick auf den Stern zu erhaschen, der als einfaches Zeichen über seinem Haupte steht. Ein Goldton fällt auf sein Antlitz, auf seinen Arm. Der sanft gebogene Mund deutet ein leichtes Lächeln an. Die Flügel sind nicht direkt mit dem Körper verbunden, sondern umschweben ihn wie mit Engelenergie. Hier ist wohl am zartesten und innigsten das ausgedrückt, was Klee in seiner Engelerfahrung erlebt. Der Engel in ihm verdichtet sich ins Sichtbare und bewirkt seine Transformation in einen Sehenden, Lauschenden, Hingegebenen an transzendente Kräfte. Diese Erfahrung bewirkt bei ihm das leise Lächeln inmitten des schweren und schmerzhaften Wandlungsprozesses der Jahre 1939 und 1940. Diese Zeichnung gehört ihrer Signatur nach schon zu den späten Bildern des Jahres 1939, die auf 1940 hinüberweisen.

Ob auch uns beim Betrachten und vielleicht sogar Meditieren dieser beiden letzten Bilder etwas anrühren kann von der Transformationskraft des „Engels in uns", der uns schauen und lauschen lehrt, in hingegebener Haltung, auf das, was wir erspüren und erhorchen mögen aus der Sphäre der Transzendenz, zu der auch der besondere Stern gehört, der über uns selbst und unserem Leben steht?

Dieser Engel schreitet unter dem zentralen Stern, der in der Mitte der Bildhöhe, direkt über seinem Haupt aufleuchtet. Bei Klee ist dieser Stern allerdings ein schlichtes Zeichen aus drei gekreuzten Strichen. Dennoch erinnert es zugleich an ein altes Christussymbol, ein Kreuzsymbol für den gekreuzigten und auferstandenen Christus, ähnlich wie das alte ℞-Zeichen.

Das unter diesem Symbol waagerecht auf die Schulter geneigte Haupt könnte Hingabe, könnte Demut bezeugen. Es liegt ausgewogen zwischen den beiden Flügeln, die es tragen. Seine Augen – das eine wieder wie bei anderen Engelbildern nach oben, das andere nach unten gerichtet – erschauen offenbar Himmel und Erde gleichzeitig, können beide Dimensionen synchronisieren.

Wie schwebend, so sagten wir, schreitet dieser Engel unter dem Stern. Hier vermögen die Flügel durchaus die Gestalt zu tragen, die nicht mehr so unproportioniert wirkt wie die früheren Engelgestalten. Der spirituell gewordene Leib wird umfasst von der weichen Rundung der beiden Armbögen. Nur die Füße sind so klein und wesenlos geworden, dass sie nichts als die Richtung angeben können, die jetzt gilt, diejenige nach rechts, die Richtung der Zukunft. Stabil in dieser Zeichnung ist nur der Fixstern über des Engels Haupt.

Die Richtung nach rechts unterscheidet sich markant von der Richtung nach links, in die der Engel des Jahres 1933, „der Künftige", schritt, ins kollektive Unbewusste, Unbekannte, Unheimliche hinein. Obgleich der „Engel vom Stern" an die christlichen Engelfiguren der Tradition erinnert, hebt er sich unübersehbar von ihnen ab und unterstreicht diese Unterschiedenheit noch.

Klees Engel sind keine überirdischen Wesen: „Eher manifestieren sich in ihnen Zustände, seelische Regungen, die das menschliche Dasein erfüllen und die seinen inneren Entwicklungsweg durchleuchten. So gibt es den ‚Engel im Werden‘, aber auch den ‚Engel voller Hoffnung‘. Neben den noch schalkhaften Wesen gibt es die hieratische Gestalt.“[62] Wenn also Klees Engel auch keine überirdischen Wesen sind, so sind sie doch Bild gewordene Antworten in Klees Seele und Geist auf den Anruf der Transzendenz, den das Wissen um sein nahes Lebensende für ihn bedeutet. Die Flügel sind an den Körper des „Engels vom Stern“ gar nicht mehr angesetzt, sondern umschweben ihn frei, wie eine geistige Präsenz, in deren Schutz er – der Engel und Paul Klee – nun „schwebend schreiten“ kann.

Durchluftet, durchlichtet ist dieser „Engel vom Stern“ – durchlässig können auch wir werden, hingegeben an das, was wir von „drüben“, von der Transzendenz erfahren oder von „unseres Schicksals Stern“ her, unserer Hoffnung Stern, der, wie ein Heilszeichen, ein Christuszeichen vielleicht, über uns steht. Wenn wir uns in dieser Durchlässigkeit erfahren, die ein inneres Wissen um unseren Weg und unser Wesen enthalten kann, dann mögen auch uns die Flügel einer geistigen Präsenz umschweben. Wir spüren es an dem angstfreien Gefühl, unter höherem Schutz zu stehen.

Zweifelnder Engel

Der „Zweifelnde Engel“ (Bild 3, S. 131) ist der letzte aus Klees Engelserie. Er wurde im Todesjahr 1940 gemalt, mit schwarzer Pastellkreide auf Konzeptpapier entwor-

Bild 3: Zweifelnder Engel

fen. Schon dadurch, dass dieser Engel mit Kreide gezeichnet ist, werden seine Konturen wuchtiger und brü-

chiger zugleich, aber manchmal auch weicher, als wenn sie, wie bei den meisten der bisher betrachteten Engelwesen, mit dem dünneren und härteren Bleistift oder Zulustift gestaltet wären. Die Linienführung mit dem Kreidestrich ist lebendiger, vielfältiger.

Relativ breit ist der Kreidestrich am Hinterkopf, der vom Schleier des Engelwesens gebildet wird, eine Linie, die das halb verhüllte Haupt umrundet, um dann, nach einem scharfen Knick in der Halsgegend, steil abzufallen und unterhalb der Brust im Leeren zu enden. Die andere Linie, die den Gesichtsausschnitt und die Stirn umreißt, ist brüchig geworden und lässt, weil die Kreide nur mit sehr leichtem Druck aufgesetzt wurde, die raue Struktur des Konzeptpapiers oder der darunterliegenden Kartonunterlage erkennen. Relativ oft im Vergleich zu früheren Zeichnungen setzt der Stift ab. Die Linienführung ist sicher in der Konturierung, aber nicht mehr so kraftvoll und gleichmäßig wie in den Zeichnungen zuvor. Die Sklerodermie mit ihren Versteifungen und Verhärtungen des Gewebes hat ihr Zerstörungswerk wohl auch an Klees sensiblen Malerhänden getan.

Einem Mönch ähnlich oder einem Kapuzenträger, halb verhüllt, das Ende des Schleiers oder Kopftuchs wie bei Sturm über Wange und Mund gezogen, so blickt dieser „Zweifelnde Engel" hinaus in das Unbekannte des Raumes vor ihm. Der „Zweifelnde Engel" ist eindeutig nach links gewandt, sieht also dem von innen her Kommenden entgegen, und dies vor allem mit dem schärfer konturierten Auge links im Bild. Das andere Auge blickt, wie oft bei Klees Engeln, doch dieses Mal besonders eindringlich, den Betrachter und da-

mit auch den Gestalter selbst an. Indem die obere Um-
randung und die Augenbrauen weggelassen sind, ruht
die Pupille ruhig wie in einer offenen Schale. Dieses
Auge blickt in Ruhe seinen Betrachter, seinen Gestalter
an, das andere späht angespannt und sorgend nach dem
aus, was aus dem Dunkel des Unbewussten heran-
drängt. Wachsam ist auch der eine Flügel, der vorne,
etwa im Sonnengeflecht, entspringt, an die Schulter
des Engelwesens gelehnt, wie ein Schild zum Schutz
oder auch fast wie ein breites Schwert, das die rechte
Hand, vorn über den Leib gelegt, zum Abwehrschlag
bereithält.

Wer ist der Feind, wem gilt der Zweifel? Die Haltung des Engels hat einerseits, wenn auch sehr zurück-
genommen, immer noch etwas vom Erzengel Michael
an sich, der dem Sturmgewölk entgegentritt, anderer-
seits – und mehr noch – etwas von einem Mönch oder
einer Nonne, die, konzentriert nur noch auf das eine
ewige Ziel, dem Kommenden standzuhalten suchen.

Es geht für Paul Klee selbst hier wohl um ein letztes
Sichverständigen mit dem, was sein Selbst von ihm
will. Der „Zweifelnde Engel", der unsere Todesangst
teilt, wie sein beunruhigtes Auge zeigt, sagt dennoch
mit seinem ruhigen, auf das Zentrum der Person ge-
richteten Auge: „Doch nicht wie ich will, sondern wie
Du." Was immer dieses Du ist, es ist immer schon ver-
bündet mit unserem innersten Selbst.

Am Morgen des 29. Juni 1940 stirbt Klee an akutem
Herzversagen in Locarno-Muralto am Lago Maggiore.
Seine Urne wird auf dem Berner Schlosshaldenfriedhof
beigesetzt.

Woran aber zweifelt dieser Engel? Zweifel steht im Gegensatz zu Glauben, zu Hoffen, und hat demgemäß auch ein religiöses Assoziationsfeld um sich. Woran zweifelt er? Wenn es zugleich der Engel in Paul Klee ist, dann gilt sein Zweifel nun gewiss endgültig der Hoffnung, die Klee trotz Todesahnung lange noch durchgehalten hatte, der Hoffnung, dass seine Krankheit noch aufzuhalten, zumindest noch zu mildern sei. Dieser Engel in ihm scheint zu spüren, dass ihm nun nur noch wenig Lebenszeit verbleibt. Mit dieser Einsicht ist aber auch Klees schöpferische Kraft, die er bis dahin noch durchhalten konnte, im Kern getroffen. Die Gefahr, die Lebensgefahr, kommt von links, das heißt, sie kommt nicht von außen, sondern von innen, aus der innersten Steuerung und Entelechie seines eigenen Organismus, letztlich also aus seinem Selbst.

Es geht um ein letztes Sichverständigen mit dem, was sein Selbst von ihm will. Wie unendlich schwierig es ist, wenn reale Lebensgefahr, reale Todesnot naht, zeigt auch der Kampf Jesu, der gewiss mit seinem Engel verbunden war und der doch zu seinem Gott aufstöhnte: „Wenn es möglich ist, so lass diesen Kelch an mir vorübergehen." Auch wenn ihm sein Kelch von den Häschern der Außenwelt gereicht wurde, nahm er ihn doch als das innerste Schicksal an, das ihm von größeren Händen als denen der Häscher gereicht wurde.

„Es entzieht sich dem Wissen und der Kunst der Ärzte, es ist vielmehr meine innerste Entelechie, wann ich an meiner Krankheit sterbe", so sagte mir kürzlich ein betroffener Mensch. Ähnlich mag es auch Klee empfunden haben und mit ihm sein „Zweifelnder Engel".

Vollständig leben, nach außen und nach innen

25. März 1941

Eine Welt ist daran, zerbrochen zu werden. Aber die Welt wird weitergehen, und ich gehe vorläufig noch mit, voll guten Mutes und guten Willens. Aber wir bleiben doch ein wenig hilflos zurück, aber ich fühle mich von innen her noch so reich, dass die Hilflosigkeit noch nicht vollständig zu mir durchdringt. Doch muss man guten Kontakt halten mit der gegenwärtigen wirklichen Welt und darin seinen Platz zu bestimmen suchen; man kann nicht allein mit den Ewigkeitswerten leben, das könnte auch zu einer Vogelstraußpolitik entarten. Vollständig leben, nach außen und nach innen, nichts von der äußeren Realität aufopfern um des Innerlichen willen, aber auch nicht umgekehrt: Das ist eine schöne Aufgabe.[63]

19. Februar 1942

„Was ist doch in die Menschen gefahren, dass sie andere kaputt machen wollen", fragte Jan verbittert. Ich sagte: „Die Menschen, ja die Menschen, aber bedenke, dass du selber dazugehörst." Und das gab er unerwartet zu, dieser grantige, mürrische Jan. „Und die Fäulnis der anderen gibt es auch in uns", predigte ich weiter. „Und ich sehe keine andere Lösung, ich sehe wirklich keine andere Lösung, als im eigenen Zentrum zu kehren und alles Faulige auszurotten. Ich glaube nicht mehr daran, dass wir in der Außenwelt etwas verbessern können, was wir nicht zuerst in uns selber verbessern müssen. Und das scheint mir die einzige Lehre aus diesem Krieg, dass wir gelernt haben, dass wir allein in uns selber suchen müssen und nirgends anders."[64]

27. Februar 1942

Noch etwas von diesem Morgen: Ich nehme sehr stark wahr, dass ich trotz allen Leids und Unrechts, das geschieht, doch die Menschen nicht hassen kann. Und dass alles Entsetzliche und Grauenhafte, das da geschieht, nicht etwas geheimnisvoll Drohendes und Fernes außerhalb unser ist, sondern dass es ganz dicht bei uns ist, in uns, aus uns Menschen hervorgeht. Und mir dadurch auch wieder viel vertrauter und nicht so Angst einjagend.[65]

3. Juli 1942

Mit dem Leben abgerechnet, damit meine ich: die Möglichkeit des Todes so absolut in mein Leben aufgenommen, mein Leben hat sich um den Tod erweitert, um das Dem-Tod-in-die-Augen-Schauen und Ihn-Annehmen, als gehörte der Untergang, jede Art von Untergang, zu diesem Leben hinzu. Also nicht sozusagen bereits jetzt ein Stück des Lebens dem Tod opfern, aus Angst vor dem Tod und weil man den Tod nicht annimmt. Durch dieses Nicht-Annehmen und durch all die Ängste haben die meisten nur noch ein armseliges, verstümmeltes Stück Leben überbehalten, das man kaum noch Leben nennen kann. Es klingt beinahe paradox: Indem man den Tod aus seinem Leben ausschließt, lebt man kein vollständiges Leben; und indem man den Tod in sein Leben aufnimmt, erweitert und bereichert man sein Leben.[66]

11. Juli 1942

Und wenn Gott mir nicht weiterhilft, dann werde doch ich ihm helfen. [...]

Gestern war es ein schwerer, ein ganz schwerer Tag, an dem innerlich vieles durchlitten und verarbeitet werden musste. Und ich habe wieder alles, was auf mich eingestürmt ist, verarbeitet, und ich kann schon wieder etwas mehr tragen als gestern. Und das gibt mir wahrscheinlich die innere Heiterkeit und Ruhe: Wie ich jedes Mal wieder merke, wie ich mit den Dingen klarkomme, ganz allein klarkomme und wie mein Herz dabei nicht in Verbitterung austrocknet und wie auch meine Augenblicke tiefster Traurigkeit und auch Verzweiflung in mir ihre fruchtbaren Spuren hinterlassen und mich stärker machen. Ich mache mir nicht viel vor über den wirklichen Stand der Dinge, und selbst den Anspruch, anderen zu helfen, lasse ich fahren. Ich werde immer davon ausgehen, Gott so viel wie möglich zu helfen; und wenn mir das gelingt, gut, dann bin ich auch für andere da. Aber heroische Illusionen darüber soll man auch nicht haben.[67]

12. Juli 1942

Sonntagmorgengebet.

Es sind bange Zeiten, mein Gott. Heute Nacht war es

zum ersten Mal, dass ich mit brennenden Augen schlaf-
los im Dunkel lag und viele Bilder menschlichen Lei-
dens an mir vorbeizogen. Ich muss dir eines versprechen, Gott, nur etwas Geringes: Ich werde meine Sorgen
um die Zukunft nicht wie ebenso viele schwere Ge-
wichte an den heutigen Tag hängen, aber das fordert
eine gewisse Übung. Jeder Tag hat jetzt genug an sich
selber. Ich werde dir helfen, Gott, dass du in mir nicht
schwindest, aber ich kann für nichts im Vorhinein ein-
stehen. Aber dieses eine wird mir ständig deutlicher:
dass nicht du uns helfen kannst, sondern dass wir dir
helfen müssen und durch dieses Letztere uns selber helfen. Und das ist das Einzige, was wir in dieser Zeit ret-
ten können, und auch das Einzige, worauf es ankommt:
Etwas von dir in uns selbst, Gott. Und vielleicht können
wir auch daran mitwirken, dich in den heimgesuchten
Herzen anderer aufzugraben.[68]

3. Juli 1943

Ich wollte nur dies sagen: Das Elend ist wirklich groß,
und doch laufe ich oft, später am Abend, wenn der Tag
hinter einem in eine Tiefe weggesunken ist, mit federn-
dem Schritt am Stacheldraht entlang, und dann steigt
es immer wieder aus meinem Herzen nach oben – ich
kann dagegen nichts tun, es ist nun einmal so, es ist von
elementarer Kraft –: Dieses Leben ist etwas Prächtiges
und etwas Großes, wir müssen später noch eine ganze
neue Welt aufbauen. Und gegen jede Wahnsinnstat
mehr und gegen jede Grausamkeit mehr müssen wir ein
Stück mehr Liebe und Güte gegenüberstellen, das wir
in uns selbst erobern müssen. Wir mögen wohl leiden,

aber wir dürfen nicht darunter erliegen. Und wenn wir diese Zeit unversehrt überleben, nach Leib und Seele, aber vor allem der Seele nach, ohne Verbitterung, ohne Hass, dann haben wir auch das Recht, nach dem Krieg ein Wort mitzusprechen. Vielleicht bin ich eine ambitiöse Frau; ich würde ein ganz kleines Wörtchen mitsprechen wollen.[69]

24. September 1942

Es steigt immer wieder als kleine, erwärmende Welle in mir hoch, immer wieder, auch nach den schwierigsten Augenblicken: Was ist das Leben doch schön! Es ist ein unerklärbares Gefühl. Es findet auch keine Stütze in der Wirklichkeit, in der wir jetzt leben. Aber es gibt doch auch noch andere Wirklichkeiten, als die, welche man in der Zeitung findet und in den gedankenlosen und erhitzten Gesprächen aufgeschreckter Menschen? Es gibt auch noch die Wirklichkeit des rosa-roten Alpenveilchens und des gewaltigen Horizonts, die man doch immer hinter den Gerüchten und den Verwirrungen dieser Zeit wieder entdecken kann.[70]

29. September 1942

Ich will es noch einmal für mich selber niederschreiben, Matthäus 6,34:

„Seid dann nicht besorgt für den morgigen Tag, denn der morgige Tag wird für das Seine sorgen; jeder Tag hat genug an seiner eigenen Plage."

Man muss sie täglich wie Flöhe bekämpfen, die vielen kleinen Sorgen um kommende Tage; sie fressen die besten schöpferischen Kräfte im Menschen an. In Gedanken sucht man Regelungen für die kommenden Tage zu treffen – und es kommt alles anders, ganz anders. Jedem Tag genügt seine eigene Plage. Die Dinge, die getan werden müssen, muss man tun und sich dann für den Rest nicht anstecken lassen durch die vielen kleinen Ängste und Sorgen, die nur ebenso viele Anwandlungen von Misstrauen Gott gegenüber sind. […]. Dies ist eigentlich unsere einzige moralische Aufgabe, in uns große Flächen der Ruhe urbar zu machen, immer mehr Ruhe, so dass man diese Ruhe für andere ausstrahlen kann. Und je ruhiger es in den Menschen ist, desto ruhiger wird es auch in unserer aufgeregten Welt sein.[71]

DAVID STEINDL-RAST

Wurzeln und Himmelsstille

Wurzeln

Wurzeln kann ich nur in Dir allein, Du Urgrund allen Seins. Kein anderer Grund bietet mir Halt genug, wenn Stürme kommen und reißende Fluten. So will ich also meine Wurzeln bewusst ausstrecken nach Deiner Dunkelheit, nach Deinem Schweigen. Nur in dieser Tiefe verwurzelt, „Golden blüht der Baum der Gnaden / Aus der Erde kühlem Saft."[72]

Je tiefer meine Wurzeln hinunterreichen in Deine Stille, desto höher können meine Äste und Zweige sich in „das polyphone Licht der lauten Himmel"[73] emporrecken, und ich selber werde „ein großer Gesang".[74]

Du Wurzelgrund und Himmelstiefe, Du Singen in den Zweigen – „Ich in dir, du in mir, / lass mich ganz verschwinden, / dich nur sehn und finden."[75]

Amen.

Himmelsstille

Himmelsstille in unerschöpflicher Vielfalt von Formen – wie bedeutsam sind sie mir geworden, diese Geschenke, wie kostbar. Die Stille des Winterhimmels, der dunkel erscheint hinter weiß wirbelnden Flocken, die sich, wenn ich niederblicke, dunkel abheben von der

Schneedecke, auf die sie sich lautlos niederlassen. Oder das hochsommerlich verträumte Blau, mittagsstill gewölbt über einer Wiese, die „schäumt von Blüten"[76]. Beinahe bestürzend die feierliche Himmelsstille einer sternklaren Wüstennacht. Unvergleichliche Nächte und doch immer wieder die eine Himmelsstille – Bild Deiner Stille. Schon ein einziger Sommermittagshimmel im Leben, ein einziger Nachthimmel sollte mir übergenug sein als Bild der Himmelsstille, die mich aufnimmt, wenn ich mich in Dich versenke, Du Abgrund und Überschwang innerster Stille.

Amen.

Thich Nhat Hanh

Wenn wir lächeln, können wir Frieden schaffen

Das Leben ist voller Leiden,
es ist aber auch voller Wunder:
der blaue Himmel, der Sonnenschein,
die Augen eines kleinen Kindes.
Es gibt nicht nur Leiden.
Wir müssen ebenso
mit den Wundern des Lebens in Berührung sein.
Sie sind in uns und um uns herum,
überall, zu jeder Zeit.

Sind wir nicht glücklich, nicht friedvoll, dann können wir Frieden und Glück auch nicht mit anderen teilen, noch nicht mal mit denen, die wir lieben, mit denen wir zusammenleben. Sind wir friedvoll, sind wir glücklich, können wir lächeln und blühen wie eine Blume, und jeder Mensch in unserer Familie, in unserer Gesellschaft wird von unserem Frieden profitieren. Müssen wir uns besonders anstrengen, um die Schönheit des blauen Himmels zu genießen? Müssen wir üben, um uns daran zu erfreuen? Nein, wir erfreuen uns einfach daran. Jede Sekunde, jede Minute unseres Lebens können wir so leben. Wo immer wir sind und zu jeder Zeit, haben wir die Möglichkeit, den Sonnenschein zu genießen, das Zusammensein mit anderen, ja sogar die

Empfindung, die unser Atem hervorruft. Wir brauchen nicht weit weg zu reisen, um uns am blauen Himmel zu erfreuen. Wir brauchen uns nicht die Zukunft vorzustellen, um zu genießen, dass wir atmen. Wir können uns davon in diesem Augenblick berühren lassen. Es wäre schade, wenn uns nur das Leiden bewusst wäre.

Wir sind meist so beschäftigt, dass wir den Menschen, die wir lieben, mit denen wir vielleicht zusammenleben, und uns selbst kaum große Aufmerksamkeit schenken. Wir haben unser Leben so organisiert, dass wir noch nicht einmal in unserer Freizeit wissen, wie wir mit uns selbst in Kontakt kommen. Wir finden immer neue Wege, diese kostbare Zeit zu verschwenden – wir schalten den Fernseher ein, greifen zum Telefon, blättern in Zeitschriften oder fahren mit dem Auto in der Gegend herum. Wir sind nicht daran gewöhnt, mit uns selbst zu sein; wir verhalten uns so, als ob wir uns selbst gar nicht mögen; wir versuchen ständig, uns selbst zu entrinnen. Meditation bedeutet, stets aufmerksam dafür zu sein, was geschieht – in unserem Körper, in unseren Gefühlen, in unserem Bewusstsein und in der Welt. Jeden Tag sterben Tausende Menschen, auch Kinder, an Unterernährung. Tausende Menschen sterben im Krieg oder bei Terroranschlägen. Und doch ist der Sonnenaufgang wundervoll, und die Rose, die heute Morgen vor der Mauer blühte, ist ein Wunder. Das Leben ist beides: Es ist voller Schrecken, und es ist wunderbar. Meditieren bedeutet, mit beiden Aspekten in Berührung sein. Glauben Sie nicht, wir müssten ernst und feierlich gestimmt sein, um zu meditieren. Aber wir werden viel lächeln, wenn wir gut meditieren.

Neulich saß ich in einer Gruppe von Kindern, und ein Junge namens Tim lächelte so schön. Ich sagte: „Tim, du hast ein sehr schönes Lächeln", und er antwortete: „Danke." Ich sagte ihm: „Du brauchst mir nicht zu danken, ich muss dir danken – weil du so schön lächelst. Du machst das Leben schöner. Statt ‚danke' solltest du einfach antworten: ‚Gern geschehen.'" Wenn ein Kind lächelt, wenn ein Erwachsener lächelt – dann ist das von Bedeutung. Lächeln wir in unserem täglichen Leben, sind wir friedvoll und glücklich, profitieren nicht nur wir davon, sondern alle. Das ist grundlegende Friedensarbeit. Wenn ich Tim lächeln sehe, bin ich glücklich. Ist ihm bewusst, dass er andere Menschen glücklich macht, kann er sagen: „Gern geschehen."

Von Zeit zu Zeit sollten wir einfach daran denken, uns zu entspannen und friedvoll zu werden. Vielleicht gönnen wir uns ab und zu einen Tag der Besinnung oder Einkehr, an dem wir achtsam gehen, lächeln, mit einem Freund oder einer Freundin Tee trinken und unser Zusammensein genießen, als wären wir die glücklichsten Menschen der Welt. Den ganzen Tag können wir lächeln: während der Gehmeditation, während der Küchen- und Gartenarbeit, während der Sitz-Meditation. Zunächst mag es uns schwerfallen zu lächeln, und wir suchen nach Gründen, warum wir es überhaupt tun sollten. Lächeln heißt „wir selbst" sein, uns unserer selbst bewusst sein, statt unachtsam zu sein. Diese Art von Lächeln können wir auch auf den Gesichtern der Buddhas und Bodhisattvas sehen.

Den folgenden kurzen Vers können Sie von Zeit zu Zeit sprechen, während Sie atmen und lächeln:

Ich atme ein und beruhige Körper und Geist.
Ich atme aus und lächele.
Ich verweile im gegenwärtigen Moment
und weiß, es ist der einzige Moment.

„Ich atme ein und beruhige Körper und Geist." Wenn ich diese Zeile beim Einatmen rezitiere, fühle ich, wie der Atem meinen Körper, meinen Geist wohltuend durchströmt und beruhigt.

„Ich atme aus und lächele." Sie kennen die Wirkung eines Lächelns. Ein Lächeln kann Hunderte von Muskeln in Ihrem Gesicht entspannen und Ihr Nervensystem beruhigen. Aus diesem Grund lächeln die Buddhas und Bodhisattvas. Wenn Sie lächeln, zeigt sich in Ihnen das Wunder des Lächelns. „Ich verweile im gegenwärtigen Moment ..." Während ich hier sitze, denke ich nicht an die Zukunft oder Vergangenheit. Ich sitze hier und weiß, wo ich bin. Das ist sehr wichtig. Wir neigen dazu, in der Zukunft zu leben, nicht jetzt. Wir sagen: „Warte, bis ich die Universität beendet und meine Promotion habe, dann werde ich wirklich leben." Wenn wir den Titel haben, und er ist ja gar nicht so einfach zu bekommen, sagen wir: „Ich muss warten, bis ich eine Stelle habe, dann geht das Leben wirklich los." Und dann, nach der Stelle, kommt ein Auto. Nach dem Auto muss es noch ein Haus sein. Wir sind nicht fähig, im gegenwärtigen Moment zu leben. Wir schieben es gern auf, lebendig zu sein, in die Zukunft, die fernere Zukunft; wir wissen selbst nicht, wann.

Doch jetzt ist der Moment zu leben, genau jetzt. Und deshalb üben wir uns in der Technik – wenn wir denn von einer Technik sprechen wollen –, im gegenwärtigen Moment zu sein: üben uns darin, gewahr zu sein, dass wir hier und jetzt sind, denn der einzige Moment, lebendig zu sein, ist der gegenwärtige Moment.

„... und weiß, es ist der einzige Moment." Dies ist der einzige Augenblick, der wirklich ist. Im Hier und Jetzt sein und den Augenblick genießen ist unsere wichtigste Aufgabe. „Ruhig werden, lächeln, gegenwärtiger Moment, einziger Moment." Versuchen Sie es. Auch wenn das Leben schwierig ist, auch wenn es manchmal nicht einfach ist, zu lächeln, müssen wir es versuchen. Neulich fragte mich eine Freundin: „Wie kann ich mich zum Lächeln zwingen, wenn ich voller Sorgen bin? Das ist nicht natürlich." Ich sagte ihr, sie müsse fähig sein, ihren Sorgen zuzulächeln, weil wir mehr sind als unsere Sorgen. Ein menschliches Wesen ist wie ein Fernseher mit Hunderten Kanälen. Wenn wir Buddha einschalten, sind wir Buddha. Wenn wir Kummer einschalten, sind wir Kummer. Wenn wir ein Lächeln einschalten, sind wir dieses Lächeln. Wir dürfen uns nicht von nur einem Kanal beherrschen lassen. Wir müssen die Situation selbst in die Hand nehmen, wir sind es, die entscheiden. Wenn wir uns friedvoll hinsetzen, atmen und lächeln mit Achtsamkeit, sind wir unser wahres Selbst; wir haben Kontrolle über uns. Schalten wir hingegen den Fernseher an, lassen wir uns oft genug von dem, was wir da sehen, vereinnahmen. Manchmal ist es ein gutes Programm, aber meist ist es nur laut und bunt. Weil wir nach etwas suchen, das anders ist als wir, setzen wir uns vor den Fernseher und lassen all die Bilder in uns eindringen, uns verstören, uns verwirren. Selbst wenn unser Nervensystem darunter leidet, schaffen wir es nicht, aufzustehen und den Fernseher auszuschalten; denn wenn wir das täten, müssten wir zu uns selbst zurückkehren. Und darum geht es in der Meditation. Sie hilft uns, zu unserem wahren Selbst zurückzukehren. Es ist sehr schwierig, in dieser Gesellschaft Raum und Zeit zur Meditation zu finden. Alles scheint sich verschworen zu haben, uns von uns selbst abzubringen. Wir sind von Tausenden von Dingen umgeben, Videos, Musik, Filmen, die dazu beitragen, dass wir uns selbst fern sind. Meditieren bedeutet achtsam sein, lächeln, atmen. Das ist genau das Gegenteil. Wir kehren zu uns selbst zurück, um zu sehen, was geschieht; meditieren bedeutet, gewahr sein, was geschieht. Was geschieht, ist sehr wichtig.

Es ist sehr wichtig zu lächeln. Wenn wir dazu nicht fähig sind, wird die Welt keinen Frieden haben. Durch unsere Fähigkeit, zu lächeln, zu atmen und friedvoll zu sein, können wir Frieden schaffen.

> Wenn wir friedlich sind, wenn wir glücklich sind,
> werden wir aufblühen wie eine Blume,
> und jedem Menschen in unserer Familie,
> in unserer ganzen Gesellschaft
> wird unser Frieden zugutekommen.

ANGELUS SILESIUS

Ich selbst muss Sonne sein

Gott ist in mir und ich in ihm
Gott ist in mir das Feur und ich in ihm der Schein;
Sind wir einander nicht ganz inniglich gemein?[77]

Wie sieht man Gott?
Gott wohnt in einem Licht, zu dem die Bahn gebricht;
Wer es nicht selber wird, der sieht ihn ewig nicht.[78]

Das Ein in dem Andern
Ich bin nicht außer Gott und Gott nicht außer mir;
Ich bin sein Glanz und Licht und er ist meine Zier.[79]

Du selbst musst Sonne sein
Ich selbst muss Sonne sein, ich muss mit meinen Strahlen
Das farbenlose Meer der ganzen Gottheit malen.[80]

Das ewige Licht
Ich bin ein ewig Licht, ich brenn ohn Unterlass.
Mein Docht und Öl ist Gott, mein Geist, der ist das Fass.[81]

Das Licht besteht im Feuer
Das Licht gibt allem Kraft: Gott selber lebt im Lichte,
Doch wär er nicht das Feur, so würd es bald zunichte.[82]

Das wahre Licht
Gott ist das wahre Licht, du hast sonst nichts als Glast,
Im Falle du nicht ihn, das Licht der Lichter, hast.[83]

Ein Phönix soll man sein
Ich will ein *Phoenix* sein und mich in Gott verbrennen,
Damit mich nur nichts mehr von ihme könne trennen.[84]

Miss dir doch ja nichts zu
Freund, so du etwas bist, so bleib doch ja nicht stehn!
Man muss aus einem Licht fort in das andre gehn.[85]

Der Strahl wird die Sonne
Mein Geist, kommt er in Gott, wird selbst die ewge Wonne,
Gleichwie der Strahl nichts ist als Sonn in seiner Sonne.[86]

Ein wachendes Auge siehet
Das Licht der Herrlichkeit scheint mitten in der Nacht.
Wer kann es sehn? Ein Herz, das Augen hat und wacht.[87]

Anhang

Anmerkungen

Christiane Neuen: Vorwort

1 Übersetzung von Ahmad Milad Karimi, in: ders.: Licht über Licht. Dekonstruktion des religiösen Denkens im Islam. Karl Alber, Freiburg im Breisgau / München 2012, S. 15.

2 Jung, C. G.: Über die Beziehung der Psychotherapie zur Seelsorge (1932). In: GW 11: Zur Psychologie westlicher und östlicher Religion. Hg. von Marianne Niehus-Jung / Lena Hurwitz-Eisner / Frank Riklin / Lilly Jung-Merker / Elisabeth Rüf / Leonie Zander. Sonderausgabe. 7. Aufl. Edition C. G. Jung im Patmos Verlag, Ostfildern 2023.

3 Vgl. ders., Die Psychologie der Übertragung (1946). In: GW 16: Praxis der Psychotherapie. Hg. von Marianne Niehus-Jung / Lena Hurwitz-Eisner / Franz Riklin et al. Sonderausgabe. 3. Aufl. Edition C. G. Jung im Patmos Verlag, Ostfildern 2011, § 470.

C. G. Jung: Schatten und Licht

4 Jung, C. G.: Zur Psychologie des Kindarchetypus (1940). In: GW 9/I: Die Archetypen und das kollektive Unbewußte. Hg. von Lilly Jung-Merker / Elisabeth Rüf. Sonderausgabe. 10. Aufl. Edition C. G. Jung im Patmos Verlag, Ostfildern 2023, § 284.

5 Ders., Traumsymbole des Individuationsprozesses (1936). In: GW 12: Psychologie und Alchemie. Hg. von Lilly Jung-Merker / Elisabeth Rüf. Sonderausgabe. 7. Aufl. Edition C. G. Jung im Patmos Verlag, Ostfildern 2023, § 208.

6 Ders., Gegenwart und Zukunft (1957). In: GW 10: Zivilisation im Übergang. Hg. von Lilly Jung-Merker / Elisabeth Rüf. Sonderausgabe. 7. Aufl. Edition C. G. Jung im Patmos Verlag, Ostfildern 2023, § 579.

7 Ders., Psychologie und Religion (1940). In: GW 11: Zur Psychologie westlicher und östlicher Religion. Hg. von Marianne Niehus-Jung / Lena Hurwitz-Eisner / Frank Riklin / Lilly Jung-Merker / Elisabeth Rüf / Leonie Zander. Sonderausgabe. 7. Aufl. Edition C. G. Jung im Patmos Verlag, Ostfildern 2023, §§ 131; 133.

[8] Ders., Kap. VI: Die Konjunktion. In: GW 14/II: Mysterium Coniunctionis. Untersuchungen über die Trennung und Zusammensetzung der seelischen Gegensätze in der Alchemie (1956). Unter Mitarbeit von Marie-Louise von Franz. Mit 10 Abbildungen im Text und auf Tafeln. Bd. II. Hg. von Lilly Jung-Merker / Elisabeth Rüf. Sonderausgabe. 4. Aufl. Edition C. G. Jung im Patmos Verlag, Ostfildern 2021, § 398.

[9] Ders., Gut und Böse in der analytischen Psychologie (1959). In: GW 10: Zivilisation im Übergang. Hg. von Lilly Jung-Merker / Elisabeth Rüf. Sonderausgabe. 7. Aufl. Edition C. G. Jung im Patmos Verlag, Ostfildern 2023, § 879.

[10] Ders., Psychologie und Religion, GW 11, § 140.

[11] Ders., Kinderträume. Gesammelte Werke, Supplementband. Hg. von Lorenz Jung und Maria Meyer-Grass. Walter, Olten / Freiburg im Breisgau, S. 391.

[12] Ders., Gut und Böse in der analytischen Psychologie, GW 10, § 872.

[13] Ders., Über Grundlagen der Analytischen Psychologie. Tavistock Lectures (1935). In: GW 18/I: Das symbolische Leben. Verschiedene Schriften. Hg. von Lilly Jung-Merker / Elisabeth Rüf. Sonderausgabe. 5. Aufl. Edition C. G. Jung im Patmos Verlag, Ostfildern 2022, § 291.

[14] Ders., Brief an Father Victor White vom 31.12.1949. In: Briefe II: 1946–1955. Hg. von Aniela Jaffé, in Zusammenarbeit mit Gerhard Adler. Sonderausgabe. Edition C. G. Jung im Patmos Verlag, Ostfildern 2012, S. 169.

Verena Kast: Hoffnung schöpfen

[15] Vgl. Marcel, Gabriel: Werkauswahl. Bd. I: Hoffnung in einer zerbrochenen Welt? Vorlesungen und Aufsätze. Eingeleitet und hg. von Peter Grotzer. Schöningh, Paderborn u.a. 1992.

[16] Vgl. Bollnow, Otto Friedrich: Neue Geborgenheit. Das Problem einer Überwindung des Existentialismus. 4. Aufl. Kohlhammer, Stuttgart 1979, S. 24f.

[17] Vgl. Bloch, Ernst: Das Prinzip Hoffnung. Bd. I. Suhrkamp, Frankfurt am Main 1959, S. 1ff.

[18] Vgl. Kast, Verena: Freude, Inspiration, Hoffnung. 6. Aufl. Patmos, Ostfildern 2013, S. 157ff.

[19] Vgl. Damasio, Antonio: Selbst ist der Mensch. Körper, Geist und die Entstehung des menschlichen Bewusstseins. Siedler, München 2010, S. 48.

[20] Vgl. Marcel, Werkauswahl. Bd. 1.
[21] Vgl. Plügge, Hans, zitiert in: Bollnow, Otto Friedrich: Neue Geborgenheit. Das Problem einer Überwindung des Existentialismus. 4. Aufl. Kohlhammer, Stuttgart 1979, S. 116.
[22] Vgl. Seligman, Martin: Pessimisten küsst man nicht. Optimismus kann man lernen. Knaur, München 2001, S. 430.
[23] Ridley, Matt: The Rational Optimist. How Prosperity evolves. Harper Collins, New York 2010.
[24] Brecht, Bertolt: Geschichten von Herrn Keuner. Suhrkamp, Frankfurt am Main 1971, S. 76.
[25] Vgl. Sartre, Jean Paul: L'existentialisme est un humanisme. Gallimard, Paris 1946.
[26] Camus, Albert: Der Mythos des Sisyphos. Rowohlt, Reinbek bei Hamburg 1959, S. 13.
[27] Vgl. ebd.
[28] Vgl. Kast, Verena: Sisyphos – Altes loslassen und neue Wege gehen. Neuausgabe. Patmos, Ostfildern 2019.
[29] Bloch: Das Prinzip Hoffnung, S. 1.
[30] Ebd.
[31] Vgl. Pennebaker, J. W., und Stone, L. D.: Words of Wisdom: Language use over the life span. In: Journal of Personality and Social Psychology 85 (2), 2003, S. 291–302.

Christian Firus: Verantwortung und Dankbarkeit – was gegen Angst hilft

[32] Frankl, Viktor: … trotzdem Ja zum Leben sagen. Ein Psychologe erlebt das Konzentrationslager. dtv, München1982.
[33] Ders.: Ärztliche Seelsorge. Grundlagen der Logotherapie und Existenzanalyse. S. Fischer, Frankfurt am Main 1985, S. 72.
[34] Ders: Der leidende Mensch. Anthropologische Grundlagen der Psychotherapie. Huber, Bern 1984; ders., Ärztliche Seelsorge.
[35] Welzer, Harald: Nachruf auf mich selbst. Die Kultur des Aufhörens. S. Fischer, Frankfurt am Main 2021, S. 115.
[36] Vgl. Göpel, Maja: „Wir müssen ehrlich bilanzieren, was der Status quo kostet". Interview von Friederike Meier. In: Frankfurter Rundschau, 19.10.2022. Im Internet verfügbar unter: https://www.fr.de/politik/maja-goepel-wir-muessen-ehrlich-bilanzieren-was-der-status-quo-kostet-91861549.html [Zugriff: 5.6.2023].
[37] Ebd.
[38] Ebd.

[39] Seligman, Martin: Der Glücksfaktor. Warum Optimisten länger leben. Bastei Lübbe, Bergisch-Gladbach 2002.

Andrew Harvey: Zehn Dinge, die du jetzt sofort tun kannst

[40] Andrew Harvey definiert „Sacred Activism" (oder auch „Spiritual Activism") wie folgt: „Eine Spiritualität, die nur privat und egozentrisch ist, ohne ein authentisches politisches und soziales Bewusstsein, trägt wenig dazu bei, den selbstmörderischen Moloch der Geschichte aufzuhalten. Auf der anderen Seite wird ein Aktivismus, der nicht durch tiefe spirituelle und psychologische Selbsterkenntnis geläutert und in göttlicher Wahrheit, Weisheit und Mitgefühl verwurzelt ist, das Problem, das er zu lösen versucht, nur zementieren, wie aufrichtig seine Absichten auch sein mögen. Wenn sich jedoch die tiefste und am meisten geerdete spirituelle Vision mit dem praktischen und pragmatischen Bestreben verbindet, alle bestehenden politischen, wirtschaftlichen und sozialen Institutionen zu verändern, dann wird eine heilige Kraft – die Kraft der Weisheit und der gelebten Liebe – geboren. Diese Kraft bezeichne ich als ‚Sacred Activism'" (Andrew Harvey, https://www.andrewharvey.net/sacredactivism, aus dem Englischen übersetzt).

Gilda Sahebi: Was im Iran geschieht, ist feministische Weltgeschichte

[41] Ebadi, Shirin: Mein Iran. Ein Leben zwischen Hoffnung und Revolution. Piper, München 2016.

Brigitte Dorst: Liebe ist eine Richtung des Herzens

[42] Enquist, Per Olov: Das Buch von Blanche und Marie. Aus dem Schwedischen von Wolfgang Butt. Carl Hanser Verlag, München 2005.

[43] Illous, Eva: Warum Liebe weh tut. Eine soziologische Erklärung. Aus dem Englischen von Michael Adrian. Suhrkamp TB, Berlin 2012, S. 39.

[44] Jung, C.G.: Erinnerungen, Träume, Gedanken. Aufgezeichnet und herausgegeben von Aniela Jaffe. Sonderausgabe. Walter, Olten 1984, S. 356.

[45] Zink, Jörg: Die goldene Schnur. Anleitungen zu einem inneren Weg. Kreuz, Stuttgart 1999, S. 82f.

[46] Shafak, Elif: Die vierzig Geheimnisse der Liebe. Aus dem Englischen von Michaela Grabinger. Kein & Aber, Zürich/Berlin 2013, S. 105.

[47] Sachs, Nelly: Eli. Ein Mysterienspiel vom Leiden Israels. In: dies.: Zeichen im Sand. Die szenischen Dichtungen der Nelly Sachs. Suhrkamp, Frankfurt am Main 1962, S. 82.

[48] Ebd.

[49] Rilke, Rainer Maria: Gott spricht zu jedem nur, eh er ihn macht. In: ders., Die Gedichte. 8. Aufl. Insel, Frankfurt am Main 1996, S. 240.

[50] Nizami: Leila und Madschnun. Der berühmteste Liebesroman des Morgenlandes. Erstmals aus dem Persischen verdeutscht und mit einem Nachwort versehen von Rudolf Gelpke. Manesse, Zürich 1963, S. 48.

[51] Cardenal, Ernesto: Das Buch von der Liebe. Mit einem Vorwort von Thomas Merton. Gütersloher Verlagshaus Mohn, Gütersloh 1987, S. 47.

[52] Sölle, Dorothee: Sympathie. Theologisch-politische Traktate. Kreuz, Stuttgart/Berlin 1978, S. 285.

[53] Fromm, Erich: Die Kunst des Liebens. Ullstein, Frankfurt am Main u.a. 1977, S. 108f.

[54] Hafis, vgl. ders.: Ghaselen des Hafis. Übertragen von Friedrich Rückert. Gesammelt und herausgegeben von Herman Kreyenborg. Hyperion, Leipzig 1926.

[55] Fromm, Die Kunst des Liebens, S. 53.

[56] Sölle, Dorothee: Mystik und Widerstand. „Du stilles Geschrei". Hoffmann und Campe, Hamburg 1997, S. 13.

[57] Dies.: Es muß doch mehr als alles geben. Nachdenken über Gott. 2. Aufl. Hoffmann und Campe, Hamburg 1994, S. 39f.

[58] Dies: Beschenkt werden und Handeln gehören zusammen. Die mystische Dimension der Liebe. In: Gabriele Hartlieb / Christoph Quarch (Hg.): Eine Mystik, viele Stimmen. Leben aus der Spiritualität des Herzens. Herder Spektrum, Freiburg im Breisgau u.a. 2004, S. 91.

[59] Rumi, zitiert nach: Shah, Idries: Die Sufis. Botschaften der Derwische, Weisheit der Magier. 2. Aufl. Diederichs, Düsseldorf/Köln 1981, S. 254.

[60] Illous, Warum Liebe weh tut.

[61] Angelus Silesius: Cherubinischer Wandersmann. In: ders.: Der Himmel ist in dir. Ausgewählt und eingeleitet von Gerhard Wehr. 2. aktualisierte Aufl. Benziger, Zürich, I, 289, S. 83.

Ingrid Riedel: Engel der Wandlung von Paul Klee

[62] Stahn, Eva: Paul Klee. Hallwag, Stuttgart 1971, Text zu Tafel 17.

Etty Hillesum: Vollständig leben, nach außen und nach innen

63 Hillesum, Etty: Etty. De nagelaten geschriften van Etty Hillesum 1941–1943 [Etty. Die hinterlassenen Schriften von Etty Hillesum 1941–1943]. Onder redactie van Klaas A. D. Smelik. Uitgeverij Balans, Amsterdam 1986, S. 56. Aus dem Niederländischen übersetzt von Peter Knauer.

64 Ebd., S. 254.

65 Ebd., S. 269.

66 Ebd., S. 488f.

67 Ebd., S. 512.

68 Ebd., S. 516f.

69 Brief an Johanna und Klaas Smelik. Ebd., S. 657.

70 Ebd., S. 563.

71 Ebd., S. 567.

David Steindl-Rast: Wurzeln und Himmelsstille

72 Trakl, Georg: Aus dem Gedicht „Ein Winterabend".

73 Rilke, Rainer Maria: Aus: „Sonette an Orpheus", Zweiter Teil, V. Sonett. In: ders., Die Gedichte. 8. Aufl. Insel, Frankfurt am Main 1996, S. 697.

74 Ders., aus dem Gedicht „Ich lebe mein Leben in wachsenden Ringen". In: ebd., S. 199.

75 Tersteegen, Gerhard: Aus dem Liedtext zu „Gott ist gegenwärtig".

76 Flex, Walter: Aus dem Gedicht „Die Wiese schäumt von Blüten".

Angelus Silesius: Ich selbst muss Sonne sein

77 Angelus Silesius: Cherubinischer Wandersmann, Buch 1, Nr. 11. In: ders.: Der Himmel ist in dir. Meditationen. Ausgewählt und eingeleitet von Gerhard Wehr. 2., aktualisierte Aufl. Benziger, Zürich 1982, S. 50.

78 Ebd., I. Buch, Nr. 72. In: ebd., S. 57.

79 Ebd., I. Buch, Nr. 106. In: ebd., S. 61.

80 Ebd., I. Buch, Nr. 115. In: ebd., S. 62.

81 Ebd., I. Buch, Nr. 161. In: ebd., S. 68.

82 Ebd., I. Buch, Nr. 195. In: ebd., S. 72.

83 Ebd., II. Buch, Nr. 7. In: ebd., S. 85.

84 Ebd., II. Buch, Nr. 172. In: ebd., S. 88.

85 Ebd., III. Buch, Nr. 232. In: ebd., S. 93.

86 Ebd., IV. Buch, Nr. 136. In: ebd., S. 98.

87 Ebd., V. Buch, Nr. 12. In: ebd., S. 101.

Literatur

Angelus Silesius: Cherubinischer Wandersmann [I. Buch vollständig, II.–VI. Buch in Auszügen]. In: ders.: Der Himmel ist in dir. Meditationen. Ausgewählt und eingeleitet von Gerhard Wehr. 2., aktualisierte Aufl. Benziger, Zürich 1982, S. 49–115.

Bloch, Ernst: Das Prinzip Hoffnung. Bd. I. Suhrkamp, Frankfurt am Main 1959.

Bollnow, Otto Friedrich: Neue Geborgenheit. Das Problem einer Überwindung des Existentialismus. 4. Aufl. Kohlhammer, Stuttgart 1979.

Brecht, Bertolt: Geschichten von Herrn Keuner. Suhrkamp, Frankfurt am Main 1971.

Camus, Albert: Der Mythos des Sisyphos. Rowohlt, Reinbek bei Hamburg 1959.

Cardenal, Ernesto: Das Buch von der Liebe. Mit einem Vorwort von Thomas Merton. Gütersloher Verlagshaus Mohn, Gütersloh 1987.

Damasio, Antonio: Selbst ist der Mensch. Körper, Geist und die Entstehung des menschlichen Bewusstseins. Siedler, München 2010.

Ebadi, Shirin: Mein Iran. Ein Leben zwischen Hoffnung und Revolution. Piper, München 2016.

Enquist, Per Olov: Das Buch von Blanche und Marie. Aus dem Schwedischen von Wolfgang Butt. Carl Hanser Verlag, München 2005.

Frankl, Viktor: Ärztliche Seelsorge. Grundlagen der Logotherapie und Existenzanalyse. S. Fischer, Frankfurt am Main 1985.

Frankl, Viktor: Der leidende Mensch. Anthropologische Grundlagen der Psychotherapie. Huber, Bern 1984.

Frankl, Viktor: … trotzdem Ja zum Leben sagen. Ein Psychologe erlebt das Konzentrationslager. dtv, München 1982.

Fromm, Erich: Die Kunst des Liebens. Ullstein, Frankfurt am Main u.a. 1977.

Göpel, Maja: „Wir müssen ehrlich bilanzieren, was der Status quo kostet". Interview von Friederike Meier. In: Frankfurter Rundschau, 19.10.2022. Im Internet verfügbar unter: https://www.fr.de/politik/maja-goepel-wir-muessen-ehrlich-bilanzieren-was-der-status-quo-kostet-91861549.html [Zugriff: 5.6.2023].

Hafis: Ghaselen des Hafis. Übertragen von Friedrich Rückert. Gesammelt und herausgegeben von Herman Kreyenborg. Hyperion, Leipzig 1926.

Hillesum, Etty: Etty. De nagelaten geschriften van Etty Hillesum 1941–1943 [Etty. Die hinterlassenen Schriften von Etty Hillesum 1941–1943]. Onder redactie van Klaas A. D. Smelik. Uitgeverij Balans, Amsterdam 1986.

Illous, Eva: Warum Liebe weh tut. Eine soziologische Erklärung. Aus dem Englischen von Michael Adrian. Suhrkamp TB, Berlin 2012.

Jung, C. G.: Briefe II: 1946–1955. Hg. von Aniela Jaffé, in Zusammenarbeit mit Gerhard Adler. Sonderausgabe. Edition C. G. Jung im Patmos Verlag, Ostfildern 2012.

Jung, C. G.: Erinnerungen, Träume, Gedanken. Aufgezeichnet und herausgegeben von Aniela Jaffe. Sonderausgabe. Walter, Olten 1984.

Jung, C. G.: Gegenwart und Zukunft (1957). In: GW 10: Zivilisation im Übergang. Hg. von Lilly Jung-Merker / Elisabeth Rüf. Sonderausgabe. 7. Aufl. Edition C. G. Jung im Patmos Verlag, Ostfildern 2023, §§ 488–588.

Jung, C. G.: Gut und Böse in der analytischen Psychologie (1959). In: GW 10: Zivilisation im Übergang. Hg. von Lilly Jung-Merker / Elisabeth Rüf. Sonderausgabe. 7. Aufl. Edition C. G. Jung im Patmos Verlag, Ostfildern 2023, §§ 858–886.

Jung, C. G.: Kap. VI: Die Konjunktion. In: GW 14/II: Mysterium Coniunctionis. Untersuchungen über die Trennung und Zusammensetzung der seelischen Gegensätze in der Alchemie (1956). Unter Mitarbeit von Marie-Louise von Franz. Mit 10 Abbildungen im Text und auf Tafeln. Bd. II. Hg. von Lilly Jung-Merker / Elisabeth Rüf. Sonderausgabe. 4. Aufl. Edition C. G. Jung im Patmos Verlag, Ostfildern 2021, §§ 320–444.

Jung, C. G.: Psychologie und Religion (1940). In: GW 11: Zur Psychologie westlicher und östlicher Religion. Hg. von Marianne Niehus-Jung / Lena Hurwitz-Eisner / Frank Riklin / Lilly Jung-Merker / Elisabeth Rüf / Leonie Zander. Sonderausgabe. 7. Aufl. Edition C. G. Jung im Patmos Verlag, Ostfildern 2023, §§ 1–168.

Jung, C. G.: Die Psychologie der Übertragung (1946). In: GW 16: Praxis der Psychotherapie. Hg. von Marianne Niehus-Jung / Lena Hurwitz-Eisner / Franz Riklin et al. Sonderausgabe. 3. Aufl. Edition C. G. Jung im Patmos Verlag, Ostfildern 2011, §§ 353–539.

Jung, C. G.: Traumsymbole des Individuationsprozesses (1936). In: GW 12: Psychologie und Alchemie. Hg. von Lilly Jung-Merker / Elisabeth Rüf. Sonderausgabe. 7. Aufl. Edition C. G. Jung im Patmos Verlag, Ostfildern 2023, §§ 44–331.

Jung, C. G.: Über die Beziehung der Psychotherapie zur Seelsorge (1932). In: GW 11: Zur Psychologie westlicher und östlicher Religion. Hg. von Marianne Niehus-Jung / Lena Hurwitz-Eisner / Frank Riklin / Lilly Jung-Merker / Elisabeth Rüf / Leonie Zander. Sonderausgabe. 7. Aufl. Edition C. G. Jung im Patmos Verlag, Ostfildern 2023, §§ 488–538.

Jung, C. G.: Über Grundlagen der Analytischen Psychologie. Tavistock Lectures (1935). In: GW 18/I: Das symbolische Leben. Verschiedene Schriften. Hg. von Lilly Jung-Merker / Elisabeth Rüf. Sonderausgabe. 5. Aufl. Edition C. G. Jung im Patmos Verlag, Ostfildern 2022, §§ 1–415.

Jung, C. G.: Zur Psychologie des Kindarchetypus (1940). In: GW 9/I: Die Archetypen und das kollektive Unbewußte. Hg. von Lilly Jung-Merker / Elisabeth Rüf. Sonderausgabe. 10. Aufl. Edition C. G. Jung im Patmos Verlag, Ostfildern 2023, §§ 259–305.

Karimi, Ahmad Milad: Licht über Licht. Dekonstruktion des religiösen Denkens im Islam. Karl Alber, Freiburg im Breisgau / München 2012.

Kast, Verena: Freude, Inspiration, Hoffnung. 6. Aufl. Patmos, Ostfildern 2013.

Kast, Verena: Sisyphos – Altes loslassen und neue Wege gehen. Neuausgabe. Patmos, Ostfildern 2019.

Marcel, Gabriel: Werkauswahl. Bd. I: Hoffnung in einer zerbrochenen Welt? Vorlesungen und Aufsätze. Eingeleitet und herausgegeben von Peter Grotzer. Schöningh, Paderborn u.a. 1992.

Nizami: Leila und Madschnun. Der berühmteste Liebesroman des Morgenlandes. Erstmals aus dem Persischen verdeutscht und mit einem Nachwort versehen von Rudolf Gelpke. Manesse, Zürich 1963.

Pennebaker J. W., und Stone, L. D.: Words of Wisdom: Language use over the life span. In: Journal of Personality and Social Psychology 85 (2), 2003, S. 291–302.

Plügge, Hans, zitiert in: Bollnow, Otto Friedrich: Neue Geborgenheit. Das Problem einer Überwindung des Existentialismus. 4. Aufl. Kohlhammer, Stuttgart 1979.

Ridley, Matt: The Rational Optimist. How Prosperity evolves. Harper Collins, New York 2010.

Rilke, Rainer Maria: Die Gedichte. 8. Aufl. Insel, Frankfurt am Main 1996.

Rumi, zitiert nach: Shah, Idries: Die Sufis. Botschaften der Derwische, Weisheit der Magier. 2. Aufl. Diederichs, Düsseldorf/Köln 1981.

Sachs, Nelly: Eli. Ein Mysterienspiel vom Leiden Israels. In: dies.: Zeichen im Sand. Die szenischen Dichtungen der Nelly Sachs. Suhrkamp, Frankfurt am Main 1962.

Sartre, Jean Paul: L'existentialisme est un humanisme. Gallimard, Paris 1946.

Seligman, Martin: Der Glücksfaktor. Warum Optimisten länger leben. Bastei Lübbe, Bergisch-Gladbach 2002.

Seligman, Martin: Pessimisten küsst man nicht. Optimismus kann man lernen. Knaur, München 2001.

Shafak, Elif: Die vierzig Geheimnisse der Liebe. Aus dem Englischen von Michaela Grabinger. Kein & Aber, Zürich/Berlin 2013.

Sölle, Dorothee: Beschenkt werden und Handeln gehören zusammen. Die mystische Dimension der Liebe. In: Gabriele Hartlieb / Christoph Quarch (Hg.): Eine Mystik, viele Stimmen. Leben aus der Spiritualität des Herzens. Herder Spektrum, Freiburg im Breisgau u.a. 2004.

Sölle, Dorothee: Es muß doch mehr als alles geben. Nachdenken über Gott. 2. Aufl. Hoffmann und Campe, Hamburg 1994.

Sölle, Dorothee: Mystik und Widerstand. „Du stilles Geschrei". Hoffmann und Campe, Hamburg 1997.

Sölle, Dorothee: Sympathie. Theologisch-politische Traktate. Kreuz, Stuttgart/Berlin 1978.

Stahn, Eva: Paul Klee. Hallwag, Stuttgart 1971.

Welzer, Harald: Nachruf auf mich selbst. Die Kultur des Aufhörens. S. Fischer, Frankfurt am Main 2021.

Zink, Jörg: Die goldene Schnur. Anleitungen zu einem inneren Weg. Kreuz, Stuttgart 1999.

Die Autorinnen und Autoren

Prof. Dr. Brigitte Dorst, Professorin für Psychologie, Jung'sche Analytikerin und Psychotherapeutin in eigener Praxis, von 2008 bis 2017 Wissenschaftliche Leiterin der *Internationalen Gesellschaft für Tiefenpsychologie* (IGT), ist Lehranalytikerin u.a. am C. G. Jung-Institut Stuttgart. Zu ihren Arbeitsschwerpunkten gehören die Themen Analytische Psychologie und Spiritualität, Transpersonale Psychologie, Symbolpsychologie, Krisenintervention sowie Sufismus. Zahlreiche Vorträge und Veröffentlichungen. Seit 1994 leitet sie Meditationsgruppen im *Sophia-Zentrum für Meditation und Spirituelle Psychologie* in Münster.

Dr. med. Christian Firus ist Facharzt für Psychosomatische Medizin und Psychotherapie sowie Facharzt für Psychiatrie. Er ist Oberarzt in der Rehaklinik Glotterbad bei Freiburg. Die Schwerpunkte seiner Arbeit sind die Behandlung von Depressionen, Burnout und Traumafolgestörungen sowie die Förderung seelischer Gesundheit.

Robert Fulghum, emeritierter Pfarrer der Unitarian Church, ist ein amerikanischer Autor und Philosoph. Viele seiner Bücher – u.a. mit kurzen Essays und Weisheitsgeschichten – standen ganz oben auf der Bestsellerliste der New York Times und wurden in 31 Sprachen übersetzt. Er lebt in Moab, Utah, und in Kolymvari auf Kreta.

Dr. Jane Goodall, britische Verhaltensforscherin, Umweltaktivistin und UN-Friedensbotschafterin, ist Pionierin in der Erforschung des Verhaltens von Menschenaffen. Anfang 1960 begann sie, im Gombe-Stream-Nationalpark in Tansania Langzeituntersuchungen zu Schimpansen druchzuführen. Zum Schutz der Primaten gründete sie rund um den Globus das Jane-Goodall-Institute und hält als Umweltaktivistin Vorträge auf der ganzen Welt.

Andrew Harvey ist ein renommierter spiritueller Lehrer und Kenner mystischer Traditionen, der über 30 Bücher zu den spirituellen Wegen der Weltreligionen veröffentlicht hat. Vor allem seine Übersetzungen von Werken des persischen Sufi-Mystikers Rumi fanden weltweit Beachtung. Seit 2005 konzentriert er seine Arbeit auf Sacred Activism, eine spirituelle Praxis, bei der mystische Erkenntnis, Liebe, Weisheit, Mitgefühl und gesellschaftspolitisches Engagement miteinander verbunden werden, um radikale Veränderung in der Welt zu bewirken.

Der Gründer und Leiter des internationalen *Institute for Sacred Activism* lebt in Chicago.

Etty Hillesum, 1914–1943, niederländische jüdische Slawistik- und Psychologiestudentin, leistete von Juli 1942 als Mitarbeiterin des Jüdischen Rats von Amsterdam soziale Hilfe im Durchgangslager Westerbork, bis sie selbst im September 1943 mit ihrer Familie nach Auschwitz deportiert und dort ermordet wurde. Ihre Tagebücher und Briefe, die sie von 1941 bis zu ihrer Deportation schrieb, sind Zeugnisse ihrer Mitmenschlichkeit, ihrer erwachten, sich frei entfaltenden Form von Spiritualität und ihrer besonderen Gottesbeziehung.

C. G. Jung, 1875–1961, war neben Sigmund Freud der Begründer der modernen Tiefenpsychologie und gehört zu den größten Psychoanalytikern des 20. Jahrhunderts. Ursprünglich ein Schüler und Mitarbeiter Freuds, wandte er sich im Laufe seiner eigenen Forschungen und therapeutischen Tätigkeit mehr und mehr von den Theorien der Freud'schen Psychoanalyse ab. 1912 kam es zum Bruch mit Freud, Jung entwickelte seine eigene „Analytische Psychologie". Er war ein Pionier in der Erforschung des Kollektiven Unbewussten und beschäftigte sich besonders mit den unbewussten, nicht-rationalen und transpersonalen Aspekten der Psyche.

Prof. Dr. Verena Kast, Studium der Psychologie, Philosophie und deutschen Literatur. Sie war Professorin für Psychologie und Psychotherapeutin in eigener Praxis, sie ist Dozentin und Lehranalytikerin am C. G. Jung-Institut Zürich. Von 1989 bis 2013 war sie 1. Vorsitzende der *Internationalen Gesellschaft für Tiefenpsychologie* (IGT), von 2001 bis 2020 Mitglied der Leitung der *Lindauer Psychotherapiewochen* (LP) und von 2014 bis 2020 Präsidentin des C. G. Jung-Instituts Zürich. Zahlreiche Vorträge, Veröffentlichung viel beachteter Werke zur Psychologie der Emotionen, zu Grundlagen der Psychotherapie und der Interpretation von Märchen und Träumen.

Dr. Gerd Müller ist seit 2021 Generaldirektor der Organisation der Vereinten Nationen für industrielle Entwicklung (UNIDO). Zuvor war er über zwei Legislaturperioden hinweg Bundesminister für wirtschaftliche Zusammenarbeit und Entwicklung. Von 1989 bis 1994 gehörte er dem Europäischen Parlament an, von 1994 bis 2021 dem Deutschen Bundestag.

Prof. Dr. Dr. Ingrid Riedel, Studium der evangelischen Theologie, Literaturwissenschaft und Sozialpsychologie, Honorarprofessorin für

Religionspsychologie an der Universität Frankfurt, Psychotherapeutin in eigener Praxis in Konstanz, ist Dozentin und Lehranalytikerin an den C. G. Jung-Instituten Zürich und Stuttgart. Sie war lange Jahre Wissenschaftliche Leiterin der *Internationalen Gesellschaft für Tiefenpsychologie (IGT)*. Zu ihren Arbeitsschwerpunkten zählen die Interpretation von Träumen, die Symbolik von Farben, Formen und Bildern sowie die von ihr weiterentwickelte Jung'sche Maltherapie. Zahlreiche Vorträge und Veröffentlichungen.

Brigitte Romankiewicz studierte Kunst, Deutsch und Religion für das Lehramt und arbeitete 20 Jahre als Lehrerin. Langjährige Studien auf dem Gebiet der Religions- und Kulturgeschichte sowie der Psychologie führten sie zu einer intensiven Auseinandersetzung mit der Bildsprache des Symbolischen. Sie war viele Jahre als Dozentin am C. G. Jung-Institut Stuttgart tätig. Zahlreiche Veröffentlichungen.

Gilda Sahebi, im Iran geboren und in Deutschland aufgewachsen, Ärztin und Politikwissenschaftlerin, arbeitet als freie Journalistin u.a. für die *taz*, den *SPIEGEL* und die ARD. Ihre Schwerpunktthemen sind Antisemitismus und Rassismus, Frauenrechte, Naher Osten und Wissenschaft. 2022 wurde sie vom Magazin *Focus* zu einer der „100 Frauen des Jahres" ernannt, das *Medium Magazin* wählte sie zur Journalistin des Jahres in der Rubrik Politik. Gilda Sahebi lebt in Berlin.

Angelus Silesius, der „schlesische Bote" (Johann Scheffler, 1624–1677), war Arzt, Theologe, Lyriker und Mystiker. Er gilt als einer der bedeutendsten Vertreter der deutschen Barockdichtung. Der Lutheraner war zunächst Hofarzt bei Kaiser Ferdinand III., konvertierte dann zum Katholizismus und studierte Theologie. Die Schriften des Mystikers Jakob Böhme hatten ihn stark beeinflusst. Sein bekanntestes Werk ist der *Cherubinische Wandersmann*, eine Sammlung von Vers-Paaren, die seine mystischen Erfahrungen in Worte fassen.

Christiane Singer (1943–2007) war eine französische Schriftstellerin, die für ihre Romane und Essays mehrere Literaturpreise erhielt. Sie war in Initiatischer Leibtherapie nach Karlfried Graf Dürckheim ausgebildet und lebte mit ihrem Mann auf Schloss Rastenberg in Niederösterreich, wo sie auch Seminare zur Persönlichkeitsentwicklung gab. In ihrem literarischen Werk beschäftigte sie sich vor allem mit spirituellen Themen. Sie starb im Alter von vierundsechzig Jahren an einer Krebserkrankung.

David Steindl-Rast, Benediktinermönch, ist ein international wirkender spiritueller Lehrer und zeitgenössischer Mystiker. Sein zentrales Thema ist Dankbarkeit. Er studierte Kunst, Anthropologie und Psychologie in Wien, emigrierte 1952 in die USA und trat 1953 in das Benediktinerkloster Mount Saviour in Elmira, New York, ein. Seit 1965 praktiziert er Zen. Bruder David ist Gründer des Netzwerks *Dankbar leben / Grateful Living*, das Menschen weltweit dabei unterstützt, die Haltung der Dankbarkeit zu leben.

Thich Nhat Hanh (1926–2022) war einer der bedeutendsten Zen-Meister und weltweit bekannter Friedensaktivist. Achtsamkeit ist für ihn der Schlüssel zu einem spirituellen Leben nach den Lehren des Buddha. Er floh 1975 vor dem Vietnamkrieg zunächst in die USA, engagierte sich für die Rettung der vietnamesischen „Boat people" und ging anschließend nach Frankreich. Dort begründete er das Meditationszentrum *Plum Village*. Martin Luther King schlug ihn 1967 für den Friedensnobelpreis vor. 2018 ging er zurück nach Vietnam, wo er am 22. Januar 2022 verstarb.

Quellenverzeichnis

C. G. Jung: Schatten und Licht (S. 12–15)
Aus: C. G. Jung, GW 9/I, § 284; GW 10, §§ 579, 872, 879; GW 11, § 131, 133, 140; GW 12, § 208; GW 14/II, § 398; GW 18/I, § 291, in: ders., Gesammelte Werke. 20 Bde. Hg. von Marianne Niehus-Jung / Lena Hurwitz-Eisner / Franz Riklin / Lilly Jung-Merker / Elisabeth Rüf / Leonie Zander. Sonderausgabe. Edition C. G. Jung im Patmos Verlag, Ostfildern 2011ff. © 2007 Stiftung der Werke von C. G. Jung, Zürich; ders., Briefe II: 1946–1955. Hg. von Aniela Jaffé, in Zusammenarbeit mit Gerhard Adler. Sonderausgabe. Edition C. G. Jung im Patmos Verlag, Ostfildern 2012, S. 169. © 2007 Stiftung der Werke von C. G. Jung, Zürich; ders., Kinderträume. Gesammelte Werke, Supplementband. Hg. von Lorenz Jung und Maria Meyer-Grass. Walter, Olten / Freiburg im Breisgau, S. 391. © 2007 Stiftung der Werke von C. G. Jung, Zürich.

Verena Kast: Hoffnung schöpfen (S. 16–31)
Aus: Verena Kast, Immer wieder neu beginnen. Die kreative Kraft von Hoffnung und Zuversicht. Patmos, Ostfildern 2020, S. 29–40; 46–50.

Christian Firus: Verantwortung und Dankbarkeit – was gegen Angst hilft (S. 32–43)
Aus: Christian Firus, Wenn die Welt aus den Fugen gerät. Umgang mit Angst in unsicheren Zeiten. Patmos, Ostfildern 2023, S. 159–164; 167–173.

Gerd Müller: Unser Reichtum ist Verpflichtung (S. 44–48)
Aus: Gerd Müller, Unser Reichtum ist Verpflichtung. In: Beck, R.-U., Töpfer, K. & Zahrnt, A.: Flucht. Ursachen bekämpfen, Flüchtlinge schützen. © oekom verlag, München 2022.

Andrew Harvey: Zehn Dinge, die du jetzt sofort tun kannst (S. 49–55)
Aus: Andrew Harvey, The Hope. A Guide to Sacred Activism. Hay House, Carlsbad, CA / New York et al. 2009, S. 3–7. © 2009 by Andrew Harvey. Übersetzung aus dem Englischen von Christiane Neuen.

Gilda Sahebi: Was im Iran geschieht, ist feministische Weltgeschichte (S. 57–63)
Aus: Gilda Sahebi, „Unser Schwert ist Liebe". Die feministische Revolte im Iran. © S. Fischer Verlag GmbH, Frankfurt am Main 2023.

Jane Goodall: Den Tieren helfen in Zeiten der Not (S. 65–79)
Aus: Jane Goodall, Rede zur Eröffnung des „Instituts für Theologische Zoologie" in Münster am 15. Dezember 2009 (leicht überarbeitete und gekürzte Fassung). © Jane Goodall.

Brigitte Romankiewicz: Erfahrungen als Katzenclown – eine Katzengeschichte in vier Akten (S. 81–94)
Originalbeitrag für diesen Band.

Robert Fulghum: Was ist der Sinn des Lebens? (S. 95–97)
Aus: Robert Fulghum, It Was On Fire When I Lay Down On It. Villard Books, New York 1989. © Robert Fulghum. Dt. Ausgabe: Mit einem Lächeln leben lernen. Ungewöhnliche Betrachtungen über gewöhnliche Dinge. Die Rechte an der deutschen Übersetzung von Margarete Längsfeld liegen beim Wilhelm Goldmann Verlag, München, in der Penguin Random House Verlagsgruppe GmbH.

Brigitte Dorst: Liebe ist eine Richtung des Herzens (S. 99–114)
Aus: Brigitte Dorst: Alles beginnt mit Sehnsucht und Suche. Herzensbildung auf dem Sufi-Weg. Patmos, Ostfildern 2018, S. 15; 18f.; 121–127; 131–135; 139–142. (Überarbeitete und erweiterte Fassung.)

Christiane Singer: Im Zugehen auf den Tod: alles ist Leben (S. 115–118)
Aus: Derniers fragments d'un long voyage by Christiane Singer. © Editions Albin Michel – Paris, 2007. Dt. Ausgabe: Christiane Singer, Alles ist Leben. Letzte Fragmente einer langen Reise. Die Rechte an der deutschen Übersetzung von Wieland Gommes liegen beim C. Bertelsmann Verlag, München, in der Penguin Random House Verlagsgruppe GmbH.

Ingrid Riedel: Engel der Wandlung von Paul Klee (S. 119–134)
Aus: Ingrid Riedel: Engel der Wandlung. Die Engelbilder von Paul Klee. Überarbeitete, erweiterte und mit farbigen Bildern versehene Neuausgabe. Patmos, Ostfildern 2018, S. 9–17; 26f.; 172–174; 180–184; 224–228.

Etty Hillesum: Vollständig leben, nach außen und nach innen (S. 135–140)
Aus: Paul Lebeau, Das suchende Herz. Der innere Weg von Etty Hillesum. Aus dem Französischen und Niederländischen von Peter Knauer. Patmos, Ostfildern 2016, S. 164; 171f.; 190; 212f.; 216; 244f.; 230f.; 288f.; 307f.

David Steindl-Rast: Wurzeln und Himmelsstille (S. 141–142)
Aus: David Steindl-Rast, Erwachende Wort. Meditative Gebete.
Patmos, Ostfildern 2023, S. 29, 63.

Thich Nhat Hanh: Wenn wir lächeln, können wir Frieden schaffen (S. 143–148)
Aus: Thich Nhat Hanh, Innerer Frieden – äußerer Frieden. Zum wahren Selbst finden und Liebe in die Welt bringen. Aus dem Englischen übersetzt von Ursula Richard. Patmos, Ostfildern 2023, S. 8; 15–20; 22.

Angelus Silesius: Ich selbst muss Sonne sein (S. 149–150)
Aus: Angelus Silesius, Cherubinischer Wandersmann [I. Buch vollständig, II.–VI. Buch in Auszügen]. In: ders.: Der Himmel ist in dir. Meditationen. Ausgewählt und eingeleitet von Gerhard Wehr. 2., aktualisierte Aufl. Benziger, Zürich 1982, S. 49–115.

Bildnachweis

125   Engel voller hoffnung, 1939, 892 (WW 12)
        Bleistift auf Papier auf Karton
        29,5 × 21 cm
        Zentrum Paul Klee, Bern

127   Engel vom Stern, 1939, 1050 (EF 10)
        Kleisterfarbe und Bleistift auf Papier auf Karton
        61,8 × 46,2 cm
        Zentrum Paul Klee, Bern

131   Zweifelnder Engel, 1940, 341 (F 1)
        Pastell auf Papier auf gefaltetem Karton
        29,7 × 20,9 cm
        Zentrum Paul Klee, Bern